现代汉语语序表达的
选择性研究

刘春光　著

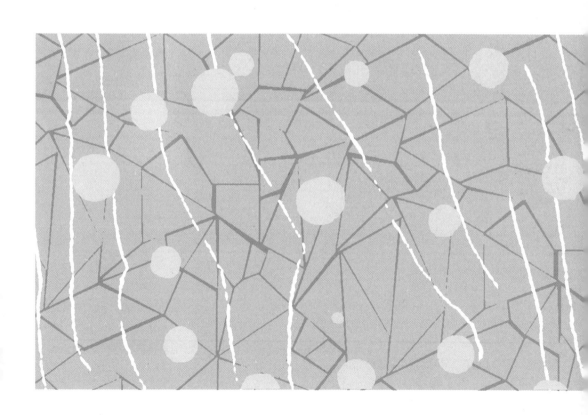

学林出版社

序

    所谓的序列,百度上的解释是这样的:数学上,序列是被排成一列的对象(或事件);这样每个元素不是在其他元素之前,就是在其他元素之后。这里,元素之间的顺序非常重要。例如人的基因DNA分子是由四种核苷酸(A,T,G,C)排列组成,DNA序列就是组成某一DNA分子的核苷酸的排列次序。基因组中的DNA序列可以分为两大类:一类是单一序列,一类是重复序列。单一序列是编码序列,重复序列则基本上全是非编码序列,非编码序列的生物学功能是一个尚未解开的谜团。

    语言里语词的组合次序就是"语序"。按照主语、动词、宾语的排列方法,一共有六种排列顺序,即:SOV、SVO、VSO、VOS、OSV和OVS,世界上大多数语言都属于前三种排列方法的语言。如果把一种语言的正常语序看成是单一序列的话,那么超常规的搭配方式就是一种重复序列的体现。而对于汉语这种缺乏形态标记的语言来说,超常规的搭配序列在很多方面有所表现:例如从类型学角度看,汉语属于SVO型语言,但是汉语中的很多语言现象表现出来的是SOV语言的特点,例如汉语的"把"字句,汉语的话题句,古汉语中的许多宾语提前现象等等;从儿童语言习得来说,以汉语为母语的三岁之前的儿童,所习得的通常是SOV语言的表达方式。正是语言的这种特殊性,使得找到不同语言中语序的"非编码序列"的原因和规律,成为语言学家们重点关注的问题。这里推出的《现代汉语语序表达的选择性研究》一书,就是从表达角度对汉语语序展开深入研究的。作者认为,静态的语序规则是语言表达的基础,动态的语序规则是在此基础上对语言规则的主动改造,改造后的结果有可能是一种临时现象,有可能对句法规则产生一定的影响从而凝固下来。这样的语法观贯穿全书,值得称道。可以这么说,展示理论研究热点是本书的一大特点,是我着力推荐给读者的一个原因。

    汉语的句法主要靠语序和虚词表示,但语序和虚词往往有其灵活的一面。这样,要把语序和虚词所带来的语法信息以形式化的方式提供给计算机,就变成一件十分困难的,要由语言学方面提供解决方法的研究工作了。前面所说的汉语的句子普遍存在着"话题化"的现象,即不仅语义上的施事,而且语义上的受事、工具、处所、时间、方式、目的等,都可以提到句首充当句子的话题。例如:

> 我昨天在家里用这把刀切肉→昨天我在家里用这把刀切肉→在家里我昨天用这把刀切肉→这把刀我昨天在家里用来切肉→肉我昨天在家里是用这把刀切的

因此,仅仅根据语序就很不容易判断语言成分的句法功能,给汉语句子的分析造成很大的困难。这样的困难同样存在于二语教学的研究上:作为第二语言习得的汉语来说,由于语序上的复杂,在实际教学中会遇到很多解释不清的问题,是需要重点关注和解决的。

作者认为,现代汉语中的词汇、短语、句子、复句甚至篇章结构,语序的表达都是有选择性的,这些复杂的选择性表达需要综合句法、语义、语用等各方面的因素,找出其背后的动因和理据。《现代汉语语序表达的选择性研究》一书所研究的对象,都是汉语语法研究中和汉语二语教学中的焦点问题,例如"把"字句、"被"字句、"限定成分+NP"结构、可隔开双音节动结式"V+Rv"、"N+多+M"结构和"N+M+多"结构、"是……的"句、因果复句、条件复句、假设复句、转折复句、目的复句,等等。这些各种各样的语言单位的序列问题,有的是语法研究中的经典问题,多人研究过却没有定论;有的是日常生活中的细小问题,说母语的人往往会熟视无睹。作者认为这些语言现象是一种属于非编码序列的问题,是"尚未解开的谜团",需要再做分析和解释。作者意识到,在交际中用来造句的单位"词",从理论上说,它们之间的排列方式是难以计数的,然而事实上语言单位的排列受到许多条件的限制。因此如何在"固定"和"灵活"之间找出汉语语序安排的规律,成了一项很有意义的研究。由此看来,以小见大,紧贴汉语语言事实是本书另一个重要的特点,细细研读这本专著,读者会有一种"迷惑顿消"的豁然开朗。

汉语的语序向来是语法研究重点关注的问题,自20世纪80年代开始,研究语序的论文多达数千篇,与语序问题相关的博士论文也有几十部。但是对汉语语序的认识依然有许多盲区,依然有许多"尚未解开的谜团"。《现代汉语语序表达的选择性研究》一书整合认知功能语言学的标记、可及性、焦点、构式、信息、"图形—背景"、篇章衔接以及主观化等理论对现代汉语语序表达的选择性进行充分考察,综合运用结构主义的描写、变换分析等技术,研究取向上坚持"形式与意义、描写与解释、动态与静态"相结合,定性与定量相结合,共时和历时相结合,分析与综合相结合的原则。

20世纪语言研究形成了两大阵营:结构主义和功能主义。但结构主义追求语言描写的形式化,对语言的实际运用和社会功能则较少考虑,而且由于规则的抽象性,难以从正面来证明规则的存在;功能主义认为语言研究的中心问题是透过语境和功能来解释形式,但功能与形式之间的关系很难建立,功能解释中涉及的许多概念也常常会有不同的解释。总之,结构主义和功能主义在理论上都不是完美的,它们所提出的普遍原则其适用性都是有限的,即只具有相对的普遍性,不具有绝对的有效性,很难经得起语料的检验。《现代汉语语序表达的选择性研究》主要运用功能学派的研究方法,但是对结构主义的研究方法,也不是采取一概否定的态度。作者在研究中力求做到两个方面的互相印证,第一是从语言成分线性位次的变化来说明语序表达的选择性,二是反过来从成分语用身份的不同来说明其对语序选择性表达的影响,从而揭示语序的固定性和灵活性、静态性和动态性之间的联系。不同研究方法的有效结合,在这本书各个章节的分析解释中都有展现,也是这本书的又一个特点体现。

《现代汉语语序表达的选择性研究》一书采取专题方式展开,全书包括六个专题:第一和第二专题是从语言表达灵活性角度的视角,讨论句法标记的删减所形成关联模式,从而证明语序不是一种自足的句法手段;第三、第四两个专题专门探讨语序表达选择性的可能条件,认为句法结构不是一个绝对严密的系统,是有空位的;第五个专题是第三、第四专题的延伸,从形式上来说,句子的空位大体可以分为前和后,前移的是一种语法规则,后移的也是一种语法规则,句法成分的后移往往被看作是一种信息的挤压或者临时的语用现象;第六专题讨论语序的变化不是一种被动的选择,某种表达形式在遵守句法规则的同时,也可以突破句法的限制,从而实现语言表达形式的多样性和灵活性。专题式的讨论带来了这本书写作方法上和叙述手段上的变化,开门见山,不见赘语,说不上字字珠玑,但绝对句斟字酌,显示出一种让人读之难以释卷的"真诚"和"通透",就像本书的作者刘春光一样。

作者刘春光博士 2011 年负笈南下,从东北边陲城市延边来到上海攻读博士学位。2014 年如期毕业,之后就留在上海师范大学对外汉语学院工作。春光待人真诚,就如他的名字一般。他同届的师兄师姐师弟师妹很多人,大多数人都承受过他的"春光"。我带学生的时候,博士研究生往往是当届硕士研究生的"学术沙龙"老师。2011 届的博士、硕士人数众多,但中国博士只有刘春光和李铁范两人。铁范是在职读学位的,不在学校的时间多一些,于是,春光便义不容辞地充当外国博士生和中国硕士生的"精神导师"和"行为准则导师",学术问题、生活问题,他什么都要管,什么都能管,以他独有的"真诚"的管理方法,将他和当届六位硕士生的联系打个"通透"。六位硕士生管他叫"刘哥",跟他感情极深,举一个例子吧,其中一位毕业多年在国家审计局工作的硕士生,在江西老家举行婚礼时,"刘哥"会从千里之外的上海赶过去,送去师门的祝福,当导师的我还是事后知道的。

　　刘春光在延边大学《汉语学习》杂志工作多年,入学之前已经是一个颇有资历的"老编辑"了。多年编辑的经历在他身上打下了深深的烙印,认真和细腻是春光行事作文的风格。春光是典型的东北人,可又是标准的"上海男人"。在春光身上,认真和细腻已经内化为一种责任:家庭的责任,丈夫的责任以及父亲的责任。他的妻子杨扬是国内著名的京剧表演青年文艺家,得到的奖励和荣誉很多,春光甘愿做好"贤内助",全力支持妻子的工作,用细心周到的关心编织成片片"绿叶",衬托出杨扬这朵"红花"来。女儿的生活、教育春光很是上心,认真辅助孩子完成从游戏到学习,从启蒙到深入的成长过程,孩子聪明伶俐,是旁人羡慕的对象。这本书中思考的问题,都是他在做编辑阶段积攒下来的,都是他通过别人研究过的问题,再发现新的问题的。没有认真和细腻,我想是做不到的。相信广大读者也会有跟我一样的感觉。

　　春光为人公正,看问题客观,这样的做人态度也体现在这本书里。书中的描写和解释,都体现了一种客观性和合理性。别的不说,"绪论"部分的研究现状分析,真的是很见功底的。学术史梳理要写好是不容易的,分析很透彻,谈的问题很到位,评价又很公允,这当然和春光多年的编辑经历有关,但没有公正之心,没有客观的目光,也是难以做到的。我经常把春光的"研究现状分析"这一段作为"样文",推荐给其他研究生们,推荐的时候,总会谈到"公正"的问题。春光有奉献精神,这是上海师大对外汉语学院全体教师一致认同的。他带着学院留学生、汉语国际教育硕士在很多全国性的竞赛中得奖,为学校、为学科、为学院挣得了很多荣誉。光环之下,春光只是个普通的带队教师,殊不知光环之下的默默奉献竟会花费这么多时间和这么多精力,会牺牲这么多个人的利益和家庭的利益。其实,《现代汉语语序表达的选择性研究》这本专著的出版,何尝不是作者对学术研究的一种奉献,在百般忙碌之中,废寝忘食地整理出书稿,也是一件值得赞赏的事情。

　　总之,用真诚之意,行通透之路;做认真之事,着细腻之风;秉公正之笔,持奉献之心。以这样的用语来概括本书,来概括作者本人,我想都是适宜的。

　　是为序。

齐沪扬

2020 年 11 月于杭城

目　　录

第一章 绪 论

1.1 研 究 的 目 的

汉语中很多语法意义和句子类型往往要通过语序来表达,"凭语序而建立范畴,集范畴而构成体系"(张世禄1939)指出了语序在语法研究中的重要作用。在传统语言学中,通常认为语序是属于句法的(吴为章1995),是一种重要的语法手段,在语言结构中发挥着区别意义和功能的作用。文炼、胡附(1984)指出:"语序所表达的有的属于语义,有的属于语法,有的属于语用",拓宽了语序研究的思路和方法。

语序问题表面上是词语的简单排序问题,但要合理地解释这种排序的可能性和必然性,需要构建大的原则和挖掘具体的规则。从认知角度来看,语序问题实际上是线性排列的语言结构在反映复杂的客观世界时所采取的排列方式,语序表达的选择性是由复杂的、多层次的客观世界向线性结构投射过程中的必然要求,而客观世界是经过人的经验世界才投射为语言结构的,因此,语言结构只有必然地和人的经验结构相似,才能如实地反映现实,传达信息。

(1) a. 保安 适合 灰白 刚才
    b. 安保 合适 白灰 才刚
(2) a. 完全不明白
    b. 不完全明白
(3) a. 递给我一本书。
    b. 递一本书给我。
(4) a. 一锅饭吃十个人。
    b. 十个人吃一锅饭。
(5) a. 移栽树木,春天比秋天容易成活。(吕叔湘1986例)
    b. 春天移栽树木比秋天(移栽树木)容易成活。
(6) a. 您简直没规矩,越来越。(赵元任1968例)
    b. 您简直越来越没规矩。
(7) a. 上述各种解释从不同的角度揭示了教育活动的特点,虽然说法不一,但都把教育看成是培养人的一种社会法动。

b. 英语里增设 bear 这个有"饥饿、脾气暴躁、鲁莽"之含义的词,<u>虽然"熊"</u><u>在汉语文化里有"愚笨"的含义</u>。

(8) 旧时代之学生之生长过程有三个阶段:一是<u>读死书</u>,二是<u>死读书</u>,三是<u>读书死</u>;新时代之学生也离不了书,所不同的是:<u>用活书</u>,<u>活用书</u>,<u>用书活</u>。(陶行知《新旧时代的学生》)

从上面的例句可见,现代汉语中的词汇、短语、句子、复句甚至篇章结构,语序的表达都是有选择性的,这些复杂的选择性表达需要综合句法、语义、语用等各方面的因素,找出其背后的动因和理据。因为不管是研究哪一种语言现象,研究者都有以描写为目的或以解释为目标的自由,但是解释语言现象应该是语言研究的"最终目的"。解释比描写来得难,但最终还要是以解释为目标,应该在研究中把描写和解释结合起来。(沈家煊 1999)

本书以现代汉语语序表达的选择性为出发点,遵循从形式到意义,再寻求形式验证这一研究路向,结合认知语言学理论对现代汉语语序的选择性表达进行研究,考察现代汉语语序表达的动态表现形式,探索制约和影响现代汉语语序表达的语用和认知因素。

1.2 研究的现状

结构主义背景下的语序研究根据句法成分的结构、意义等特征对相关句法成分进行细致的分类,对汉语中的语序现象进行细致详尽的描写,并从中归纳出一些成分排序的规则,而后发展到以论元结构和句法配置的要求来解释汉语的语序现象。认知和功能主义在结构主义详尽描写的基础上,利用基本认知原则对语序现象提出了较为有力的解释。语序类型学把对语序问题的观察放在大规模跨语言对比的基础之上,致力于发现和解释语言共性。

1.2.1 不同时期的汉语语序观

1.2.1.1 传统语言学对汉语语序的研究

《马氏文通》是我国第一部讲语法的书(吕叔湘 1983),分别以"起词、语词、止词"称呼主语、谓语和宾语,称及物动词为"外动词",认为"词语后而起词先者,常也","凡为外动止词者,位其后",这里的"起"和"止"带有明显的语序之意。《马氏文通》把古汉语中十分常见的前置受事类论元基本看作"止词",即宾语,这种分析造成了汉语语序类型的混乱局面,不仅存在 SVO 和有条件的 SOV,还有大量没有明确条件的 OSVO、OV、OOV 等语序类型(刘丹青 2003),《马氏文通》对主宾语的划分存在着无法解决的循环矛盾。

黎锦熙(1924/2001)大致以马氏观点来看待汉语语序问题,《新著国语文法》中专门以"变式的主位""变式的宾位"为题提出了"提宾"说,"提宾位到动词前"的情况包括"把"字句、"连"字句、不用任何虚词的"提宾""提宾"的同时动词后用代词复指等,并认为"宾在句首"的各变式句,因上下文的关系,大多也可以看作这种被动式的句子,不过"原主语"前的介词"被"字或"由"等字都省略了。由此可见,《新著国语文法》基于语义的分析法对主宾语的认定有主观任意性。吕叔湘(1942)、王力(1943)早期的语法著作在语序方面较多的沿用《马氏文通》和《新著国语文法》中按语义区分主宾语的做法,把前置的受事成分采用"提宾"分析,把动词后的施事分析为主语的后置。

综上,20 世纪 50 年代以前的语法研究对主语、宾语的确定比较随意,导致承认汉语中存在着各种类型语序的句式。

1.2.1.2　结构主义语言学对汉语语序的研究

赵元任指出,汉语主语就是一种话题,跟谓语的关系可以很松散,所以,不能根据施受关系而应根据位置来确定宾语和主语。此后,丁声树在《现代汉语语法讲话》中做了系统的论述,指出"倒装说"的困难;朱德熙在《语法讲义》中也持这种观点,唯位置论的分析在 20 世纪 80 年代成为国内语法学的主流,可以避免"倒装""提宾"造成的明显的矛盾及主观随意性。缺点是:(1)使汉语的主语成为很空洞的概念,没有任何语义基础、句法属性;(2)难以据此发现小句结构和论元结构;(3)机械地增加了主语的数目,掩盖了汉语实际存在的语序变化及内在规律;(4)没有跨语言的可比性。(安玉霞 2006)

1.2.1.3　类型学对汉语语序的研究

学界凭借类型学说发现汉语不同结构在语序上的相关性。语序遵循这样一条规律:语法单位所在的层次越高,其语序越自由;反之,则越固定。各级语言单位按语序从固定到自由的大致顺序是:

词内的语素<短语内的词<小句内的短语<复句内的分句<篇章或句群的句子。

1.2.1.3.1　关于汉语语序类型的争辩

以 Tai(1973、1976)和 Li & Thompson(1973、1975)为代表的学者认为,汉语基本词序由 SVO 变成 SOV,虽然此过程尚未完成。Tai(1973)根据 Greenberg(1963)的一些普遍原则引申出自己的观点,下面(一)至(七)项为判断汉语是 SVO 型语言的证据：

（一）"形容+被形容"语序

　　　形容词+名词：好人

　　　副词+动词：明天去

　　　前置词片语+动词：在这儿上学

　　　关系子句+名词：昨天买的书

（二）比较句型：你比他高

（三）数词+量词+名词：一本书

（四）动词+词尾：我买了笔

（五）句尾疑问标记：你昨天去看电影了吗

（六）"把"字句：你怎么把钱掉了呢

（七）后置词：睡在床上

除了（六）以外，其实都不是基本语序，而仅仅在统计上与基本语序有某种程度的关联。根据 Greenberg（1963）的说法，这些特征在某种情况下可以认为与基本语序有共同出现的趋势。可是，人们常常都忽略这种共同出现的条件，而将其视为基本语序的铁证。Tai（1976）认为，汉语的语序由 SVO 变为 SOV，主要原因是受北方阿尔泰语的影响。Tai 认为汉语由 SVO 向 SOV 的演变由北方开始，然后向南方扩散，并提出了语序变迁的过程：a. 汉语从北方开始，先采用"修饰词在被修饰词之前"；b. 这个原则最先影响了名词组，然后又影响了动词组；c. 由于副词必须出现在动词前，所以前置词也移到动词前。

以 Li 等为代表的学者认为，汉语复合句 SV_1OV_2 中的 V_1 渐渐由 V_1 变成格标记小品词，使这种句子就具有 SOV 形式了。其他简单句受到这种新句型影响渐变成 SOV。虽然 Tai 对 Li 的看法提出疑问，但二者都承认汉语的语序由 SVO 变为 SOV。对此观点，胡附、文炼（1984）从方法和语言事实上给出了合理的解释，问题在于：Greenberg 是先确定语言的类型，再统计不同类型的语言在某些方面的表现；而研究汉语的人是先确定汉语有哪些特征，然后肯定汉语属于某一类型。前者运用的是蕴含规律；后者则违背了蕴含规律。胡附、文炼又从数量和名词的修饰关系、后置词的古今用法和句末语气词的用法等语言事实出发，说明持"汉语的语序由 SVO 变为 SOV"这一观点的理由是不充分的。

1.2.1.3.2　介词理论和汉语语序研究

类型学家通过跨语言证明，介词类型在语言类型学中占有核心的位置，在某些方面比小句内主语、宾语、动词的相对位置还重要，也许是最重要的类型学参项。

现有的汉语介词理论都基于汉语只有前置词的假设,后置词的作用则被分散在语法的不同部分不成系统地涉及,甚至还留下空白。(刘丹青 2003)

孙朝奋(1996)指出两千年来语序稳定的唯一重要例外就是前置词短语由动词后移到动词前。张赪(2002)认为这一过程到元明时期最后完成。上古汉语介词短语作状语有后置于动词核心的倾向,使用前置词。语序改变后,介词短语位于动词前,出现了后置词。联系项居中原则在这里起了显著作用。刘丹青认为前置词用为后置词的基本动因是维持介词的中介位置。介词位于中介位置最符合相似性原则、核心相近原则、直接成分尽早确认原则。

综上,类型学的研究可以将汉语置于世界语言范围内考察,从而找出语言的共性和差异,但讨论的核心问题有限,未能展现汉语语序的全貌和动态变化。

1.2.1.4　认知语言学和汉语语序研究

戴浩一在 20 世纪 80 年代运用功能语法的一些概念来研究汉语语法,非常有创见性地研究了汉语语序肖像性和量词肖像性,发现了制约汉语语序的且反映汉语语序的肖像性特征的一些原则。这些原则中最基本的一条是时序原则。他指出抓住了时序原则,就"抓住了汉语语序的最一般的趋势。两个句法单位的相对次序,决定于他们所表示的概念领域里的时间顺序"。从认知角度出发对汉语语序进行研究的学者主要有两种取向:一种取向认为语言是对客观事件的临摹,其中,戴浩一(1988)认为语序反映的是时间顺序;张敏(1998)认为汉语语序临摹的是概念距离;俞咏梅(1999)认为"在+处所"语序制约原则是"参照物先于目的物"这一相似性原则;史金生(2003)认为相邻原则和线性次序原则制约汉语的语序。另一种取向认为语言结构的安排取决于认知处理策略:廖秋忠(1992)认为人们在认知过程中遵循先轻后重的原则,即先提取轻信息,后提取重信息;刘宁生(1995)提出偏正结构顺序原则可以归入"可别度领前原理";袁毓林(1999)认为语序上的先后取决于信息处理的难易,认知处理的基本策略是先易后难。

方梅(1993)从功能出发,指出每种语言都有自成系统的句法规则,这是决定语序规律的一个因素,而语言作为人类的交际工具,又必须从信息传递的角度去安排语序。口语句子的线性铺排首先反映的是说话人对句子信息结构的分析。话语结构研究言者如何选择谈话的出发点和如何围绕这个出发点构成实际的话语。布拉格学派创建者捷克语言学家马泰休斯提出了句子的实际切分(actual division),即按照交际效能把句子分为主位(theme)和述位(rheme)。美国语言学界则把句子划分为话题(topic)和说明(comment)。在分析时还用到焦点(focus)。方梅(1993)认为,句子分成主位和述位是为了研究句子以何种方式与上下文语境发生联系。主位是表述的出发点和核心。主位结构分为:

篇章主位>人际主位>话题主位

话题主位不一定是谓语动词的支配性成分,但为其后的部分确立了基本的陈述框架。凡语气词之前的成分都看作主位成分。叙述语体(narritives)的顺序是主位—述位,体现语用学的可处理原则(processibility principle),即从已知信息到未知信息。对话语体(conversation)里遵循简练原则(economy principle)和清楚原则(clarity principle),可能会出现主位后置。后置的句式称为非常规句(marked sentence),功能上都含有对焦点信息加以强化的要求。一般认为句末焦点是常规焦点。如果一个成分不用来引入新信息,而是在上文语境里已经直接或间接引入,说话人出于对比目的才着意强调的,这个成分就是对比焦点。例如:

> 王朔是谁? ——王朔是个作家。
> 谁是王朔? ——那个穿白衣服的是王朔。

张伯江、方梅(1996)从常规焦点出发,考察了宾语和趋向成分的语序以及宾语和动量成分的语序问题。指出当发话人编排一个句子而宾语的位置可以有几种选择的时候,他往往根据宾语所指对象对受话人来说是新信息还是旧信息来安排句子结构,旧信息总是尽量靠近句首,新信息总是尽量靠近句末。

袁毓林(1999)用信息量和认知处理策略来解释定语的顺序:信息量小的、容易加工的定语,位于信息量大的、不容易加工的定语之前。

陆丙甫(2004)从时间、处所状语的位置以及大、小单位之间的相对位置等方面阐述了汉语语序的总体特点,并进行了功能解释。

1.2.2 汉语语序研究的范围

1.2.2.1 代表性的几种观点

胡附、文炼(1984)指出,语序包括语法的、语义的和语用的,句子是以句法结构为基础的,但是,句子并不等于句法结构,还有语义、语用上的限制,研究语序应该把句法分析与语义分析、语用分析很好地联系起来。赵振材(1985)认为,对汉语句子的语序调动单靠动词分析是难以阐释清楚的,必须进行高层次的分析,才能了解语序为什么会这样变动。

胡裕树、陆丙甫(1988)认为,语序应该是功能类别的序列,或者说是"功能块(functional chunk)"的序列。块的制约有普遍性,在某种语言中由若干基本功能块组成的句子,翻译成别的语言时,基本块的数目通常不会发生变化(尽管"词"数往往会有变化)。他们还指出,为了有效地进行研究,应该首先将不同性质的语序现象作一基本的区分,不同性质的语序指的就是语义的、语用的和句法的三个方面。

这三个方面都是语法研究的内容,都要受语法规则的制约,不过,制约意义变化的语序规则和制约句法变化的语序规则并不等同,前者在各种语言中有极大的共同性,因而我们讲汉语的语序,主要是讲句法方面的语序现象。

吴为章(1994)指出语序有广狭二义。狭义语序一般指语素、词的排列次序;广义语序通常指各个层面、各种长度的语言单位和成分的排列次序。狭义语序是包含在广义语序之内的。广义语序包括语言单位排列顺序,简称单位序,如语素序、词序、词组序、句子序、句群序等;也包括结构成分出现顺序,简称成分序,如构词成分(词干、词缀)序、句子成分(主语、谓语)序、句法成分(述语、宾语、补语、中心语、状语、定语)序、分句序、句群序等。并指出语序不仅与句法结构描写密切联系,而且和语言的表达与理解息息相关。

范晓(2001)和吴文的观点有一致性,认为在语法现象里,实际存在着两种序列:一种是单位序,即语法单位体系中的语素、词、短语、分句等分别出现在比它们更大的语法结构体里时,都存在着排列次序问题;另一种是成分序,即语法结构体(主要指短语或句子)内部的各种结构成分(如主语和宾语的语序、施事和受事的语序等)都存在着排列次序问题。还提出要区别句法语序、语义语序和语用语序三种不同的语序,区别静态语序和动态语序。

1.2.2.2 语序的固定和灵活

汉语句法不光有固定的一面,还有灵活的一面。(吕叔湘 1986)

关于汉语语序的固定方面,朱德熙(1982)也注意到语气词连用有一定的规律性。文炼、胡附(1984)指出:"有人认为汉语的语序比较固定,把语序限制在语法结构的范围之内。从词组成分的位置来看,说汉语语序比较固定当然是有根据的。"吕叔湘(1986)指出,在讲汉语语法的教科书里常常只给出多数汉语句子的基本模式,给人的印象是句法规则具有稳固性。黄河(1990)分析了动词连用、副词连用的规则。冯胜利(1997)指出,汉语没有格位形态的标志,判断名词的句法功能,看其充当主语还是宾语,唯一的办法是看这个名词在什么位置上出现。也就是说,鉴别汉语名词格位的形式标志不是形态,而是句法位置。马庆株(2002)论述了能愿动词连用的顺序规则。

关于语序的灵活性,吕叔湘(1986)从移位、省略和动补结构的多义性三个方面进行了阐释。陆俭明(1980)、邵敬敏(1987)等都谈到汉语语序的灵活性问题。一方面,语序的强制性形成了一定的、有规律性的基本语序类型;另一方面,语序的灵活性又为语序在一定条件下为适应表达的需要做出相应的选择或超常规的选择提供了可能。

胡附、文炼(1984)指出这种灵活性超出了句法结构。范晓(2007)认为灵活性是突破语法规律或规则的"出格"现象,是语用现象的丰富性和灵活性。"出格"现象普遍化和相对稳定化的结果是新的规律或规则的出现。

1.2.2.3　语序研究的不均衡性

相比从语法角度研究汉语语序而言,从语义和语用视角出发研究汉语语序的程度和广度还不够。

从语义角度对语序进行的研究主要有:李英哲(1983)讨论语义单位的排列次序主要是看名词和动词的概念顺序,这种顺序可能不同于句子表面的排列次序,但它制约着某种可能出现的格式。陈平(1994)认为最基本的语义角色是原型施事和原型受事。他总结原型施事的语义特征包括自主性、感知性、使动性、位移性、自主性;原型受事的语义特征包括变化性、渐成性、受动性、静态性、附庸性,并给出语义角色优先序列:

充任主语和宾语的语义角色优先序列:施事＞感事＞工具＞系事＞地点＞对象＞受事

充任主题的语义角色优先序列:系事＞地点＞工具＞对象＞感事＞受事＞施事

语义角色的语义特征:工具:[＋使动性][＋位移性]

地点:[＋自主性][＋静态性]

对象:[＋受动性]

感事:[＋感知性]

在主宾语同各种语义成分的配位中起决定作用的是后者施事性或受事性的强弱,在主题同各种语义成分的配位中起决定作用的是后者与句中动词关系的疏密。张国宪(1998)注意到普通话里双及物语义结构式中的受事通常实现为直接宾语,而与事的句法实现可以有两种选择:一种是间接宾语,构成双宾语句(双及物 A 式);另一种是介词宾语,构成与格单宾语句(双及物 B 式),两者的变换是不完全对称的。任鹰(2001)认为一个动补结构的前项动词和后项补语都有可能充当结构的中心,都能以各自的方式支配各自的宾语成分,这是主语和宾语可换位动结式补语结构的换位机制形成的理据所在。刘丹青(2003)根据语义抽象度分级理论,把介词分为:

(一)一级介词——纯联系项介词,不能表示明确的语义关系种类,只是在从属成分与核心的中介位置起一个联系项的作用,是后置词;

(二)二级介词——基本关系介词,大体上用来表示各种基本题元,用作前置词;

（三）三级介词——具体关系介词，表示更加具体的题元关系，特别是方所类题元内部的具体方位。

介词的语义越抽象，所支配的范域越大。作为虚词，介词的使用不仅有语义的动因，也有句法的动因。句法范畴虽都有一定的语义基础，但使用上具有强制性，即使语义上不必出现句法上仍要求出现，所以，冗余的介词并不都能省略。

关于现代汉语语用语序的研究，陆俭明（1980）阐释了现代汉语口语里的易位现象，但尚有疑问留待解决。吕叔湘（1986）在讨论汉语句法灵活性时也指出了语用因素。范晓（2001、2007）也举例论及了现代汉语的语用语序问题。基于此，制约汉语语序的语用因素有哪些，这些因素和认知有何关联，这些语用语序和常规语序有何差异，语用法的语法化是否使语用语序进一步凝固，变为句法语序，制约语序的语义、句法和语用等因素是如何相互依存、相互制约从而形成特定的句子的语序的，都是值得深入探讨的问题。

1.3　研究的主要方法和内容

本书整合了认知功能语言学的标记、可及性、焦点、构式、信息、"图形—背景"、篇章衔接以及主观化等理论，对现代汉语语序表达的选择性进行充分考察，综合运用结构主义的描写、变换分析等手段，研究取向上坚持形式与意义、描写与解释、动态与静态相结合、定性与定量相结合、共时和历时相结合、分析与综合相结合的原则。另外，本书在研究中还力求做到两个方面的互相印证：从语言成分线性位次的变化来说明语序表达的选择性；从成分语用身份的不同来说明其对语序选择性表达的影响，从而揭示语序的固定性和灵活性、静态性和动态性之间的联系。具体章节安排如下：

第一章是绪论，明确本书的研究目的、意义和内容，对与语序相关的研究进行综述，提出问题。

第二章至第七章是本书的主体部分。第二章以"把"字句和"被"字为例，论述标记与语序表达的三个平面的互动关系；第三章从可及性理论出发，以"人称代词+数量/指量成分+指人 NP"结构为例，描写和解释人称代词和数量/指量结构共现时的语序特点及理据；第四章从构式理论出发，对现代汉语中可以离析的可隔开双音节动结式和表约量的数量结构两种特殊结构进行考察；第五章从焦点理论出发，考察焦点标记"是……的"对句法成分强调的层次性和程度差别，挖掘不同强调句之间存在的关联性和认知理据；第六章从信息理论出发，考察现代汉语移位现象和"移位"产生的句法后果；第七章从"图形—背景"理论出发，考察现代汉语复句语序的选择性表达,并找出其背后的认知动因和理据。

　　最后是结束语,主要包括本书的结论和观点,以及以后努力的方向。

1.4　语　料　说　明

　　(一)本书的大部分语料来源于北京大学中国语言学研究中心语料库(ccl.pku.edu.cn),在使用中进行了筛选和甄别。

　　(二)部分例句来自网络检索和先贤论著。

　　(三)少数为内省语料。

　　为了行文简洁方便,除特殊语例外不标注出处。

第二章 标记与语序表达的 三个平面研究

　　语言是人类用来交际的最重要的工具,因此,根据不同的交际需要,人们可以使用不同的语音、词汇、句法以及语篇结构。因此,在考察一些基本的、普遍的语言形式和特殊的语言形式之间的联系和区别时,标记性显得尤为重要。研究语言的标记性可以从某个角度深入地解释人们是怎样在语言的各个层面选择和使用话语成分从而实现交际的目的,同时可以看到这种语用的选择是如何影响句法结构的变化的。

　　胡附、文炼(1984)指出,汉语语序的变化不仅表现在句法结构方面,应在更广的范围内去考察,语序包括句法的、语义的和语用的①,这三者既有区别又有联系。句法结构是句子表达的基础,句子往往在句法结构的基础上有所添加、有所变化。研究句子的语序首先要认清句子的句法结构基础。就语序研究而言,如何把语法分析与语义分析、语用分析科学地结合起来,是值得关注的课题。他们还认为,不能把语序看作一种自足的手段,必须联系许多方面加以考察。张谊生(2013)讨论了句法层面的语序与句子层面的语序的联系和区别,认为汉语语序的组合不仅表现在抽象的结构上,而且体现在具体的句子上,研究语序不应限制在单一的句法结构内;句法序与句子序又是相对的、互补的,抽象的句法序可以用于交际,具体的句子序也会逐渐语法化。

　　以上观点给了笔者很大的启发,并为本研究提供了出发点和依据。本章试图从语言的标记性入手,运用标记理论,以汉语中两个特殊的句法结构为例,以期建立语序三个平面的标记模式,从而深入了解和把握句子语序和句法语序之间的选择互动关系。②

---

　　① 范晓(2001)指出,句法语序是指句法成分的排列次序,如主语和谓语的列序、状语和中心语的列序等,语义语序是指语义成分的排列次序,如施事、动核、受事的列序、领事和属事的列序等;语用语序是指语用成分的排列次序,如主题和述题的列序等。
　　② 张谊生(2013)指出,所谓语序,大致可以分为三个相关的层次:语言类型的固定性语序、句法结构的习用性语序和语用表达的可变性语序。句法序可以自由进入句子,句子序不能随意转化为短语;看似表层相同语序的成分分布与结构关系,其深层的性质很可能完全不同。

2.1　标　记　理　论

标记理论(Markedness Theory)是布拉格学派的两位大师 N.Trubetzkoy 和 R. Jakobson 在 20 世纪 30 年代提出来的。此后,在诸多语言学家(如 Chomsky,Greenberg, Givón,Croft,Leech,Lyons,Halliday)的关注和进一步阐释下,标记理论应用于语音、语法、语义和语用等语言研究的多个方面。下面重点梳理标记理论的主要观点以及其对汉语语法研究的影响。

2.1.1　标记理论的演变[①]

Trubetzkoy 最先将有标记和无标记的对立运用于音位学,他认为音位有三种对立:缺值对立(如/b/-/p/对立,/b/有[声带]特征,/P/无此特征)、级差对立(如/i/-/e/-/æ/的对立在于特征"开口度"大小)和等值对立(如/p/-/t/-/k/的对立在于分别为唇音、齿音和颚音)。第一种对立就是通常所说的有标记和无标记的对立,特别是承认级差对立的存在对后来标记理论的发展产生了很大的影响(沈家煊 1997a、1999)。一般来说,一对音位对立只能在特定的语音环境中起作用,而在其他语境中对立便会消失和中和(如英语/b/和/p/的对立在 s- 的位置上消失,只能出现/p/),这种中和对立后来发展为分布标记,被运用到语言的句法和语义层次。

Jakobson(1932)发展了标记概念,并将其应用于形态学的研究中。他在研究俄语动词结构的时候找到一系列的标记范畴和无标记范畴,在总体二元对立的基础上内部继续二元对立,如:完成体——未完成体(重复性动作——非重复性动作)、表示动作非及物性的形式——不表示动作非及物性的形式(被动语态——反身语态)、动词的其他形式——不定式形式(分词形式——限定形式)、人称形式——非人称形式(第一人称——第二人称)、表示说话者想参与动作的形式——不表示说话者想参与动作的形式等,并且明确指出非标记范畴可以代替标记范畴,中立化是判断标记的标准之一。(蔡金亭 2001)

Lyons(1968、1977)对语义中的标记现象作了详细的探讨,并且强调词项语义中标记现象十分复杂。他主要分析了和词项结构有关的标记现象,区分了词项有无标记的三种含义:(1)形式标记,如 lion 和 lioness,前者有标记,后者无标记;

---

① 以乔姆斯基为代表的生成句法学在后期的研究中也将标记理论引入生成语法,认为音位是一系列有标记特征和无标记特征的组合,标记性是双向的、相对的、动态的概念。标记性是天赋的,属于普遍语法,为人类语言学所共有。标记本身具有普遍意义。是语音音位的结构成分之一,同时也是对各种语言音系中不同层次范畴做出高度概括的方法。本书注重功能层面,生成音系学中的观点在此从略。

（2）分布标记，如大和小、长和短的对立，我们通常说"这个教室有多大"，而不说"这个教室有多小"；（3）语义标记，语义上有标记的词项在意义上比相应的语义上无标记的词项更具体，分布上也有标记。另外，他还指出词语的语义标记是一个程度问题，如"dog"对"bitch"而言无标记程度很高，可以说"female dog"和"male dog"，但不能说"female bitch"和"male bitch"，"man"对"woman"来说无标记程度更低。（沈家煊 1999）通常有标记项在分布范围上要比无标记项受限制（Leech 1981）。语义标记是根据语义特征具体性与概括性的对立进行定义的。其关于语义标记程度性的认识直接影响了当代标记理论的发展。

　　语言类型学对标记理论也有很大发展。主要体现在两个方面：一是标记现象涉及的不再局限于二元对立，而是扩展到多元对立；二是标记现象具有程度上的差别，很多现象以一个体现程度差别的等级出现。比如，在类型学的跨语言研究中发现，"数"范畴的标记性由低到高是：单数<复数<双数<三数/多数。其中，单数是最无标记、最普遍的，而三数/多数是标记性最强、最少见的。语言标记性的理论由原来的以二元论哲学为基础的二分模式变成多分模式，认为标记性是个程度问题；由一个范畴的标记模式变成多个范畴相关的标记模式。（孟凡胜、滕延江 2005）

　　Greenberg（1966）在研究语言的亲属称谓时指出，一个无标记形式被认为是更普遍的，出现频率更高，在逻辑上是独立的，或是没有形态标志；有标记形式则具有相反的特点。

　　以马泰休斯为代表的布拉格学派认为，标记主位是一定语境下的非标记主位的变体，它反映了语言的开放性和灵活性特征，具有丰富的语用意图。Quirk（1972）等人称无标记主位是预料中的主位，Halliday（1994）把有标记主位和无标记主位按照出现的可能性大小进行了大致排序，比较而言，有标记主位的结构更复杂，分布较少，认知上更为凸显（salient），从而强调主位标记性的语境依赖性。

　　Givón（1995）在语用层面讨论语言的标记现象，对于标记理论进行比较深入的论述。他的一个重要观点是，有无标记取决于语境。同一个结构可能在一个语境中是有标记的，而在另一个语境中是无标记的。语境也可分成有标记和无标记的。可见，语用层面的标记性是一个完全动态的概念。（张凤 1999）

2.1.2　标记现象的认知解释

　　标记现象存在于人类语言的各个层面，而且总是能找到标记项和无标记项，例如，在句法上表现为"形态变化——无形态变化"；在文字上表现为"一字一音——一字多音/多字一音"；在语篇中表现为"标点化——无标点化"等。其实，在其他层次上也可以找到这种标记的表现形式，如性格上"内向/外向"是有标记的，在工具的使用中,功能多样性是有标记的;在符号标记性的运用上,指示牌一般都被看作有标记的(No smoking),没有指示牌则为无标记,生活中从未见过 Smoking 的指示牌。可见,标记现象是根植于人的认知和心理深层,标记现象的产生有着深厚的社会的、思维的、逻辑的、文化的原因(陈勇 2002)。

2.1.2.1　典型范畴和标记现象

认知语言学认为,范畴是一些特征的相交,范畴内部成员之间的地位并不均衡,有典型和非典型、核心和边缘之分。其中,典型的成员位于范畴的核心,属于无标记项,非典型的成员位于范畴的边缘,属于有标记项。典型成员或无标记项具有认知上的"显著性",它们最容易引起人的注意,在信息处理中最容易被储存和提取,它们在人形成概念时最接近人的期待或预料,而用显著的事物来认识和推导非显著的事物是人的一般认知规律。(沈家煊 1999;张凤 1999)同时,人对越是熟悉的事物越能感知它内部的差异,越容易将它分出不同的种类,越是常见或常用的东西我们把它的结构看得越简单,制造得也越简单。(沈家煊 1999)语言中的标记现象正是反映了这两种认知上的相关。

2.1.2.2　经济原则和标记现象

有标记的形式倾向于结构更复杂,分布频率更低;无标记的形式倾向于结构更简单,分布频率更高。说话人总想在取得精确传递信息的效益时尽量减少自己说话的付出,无标记的使用频率比较高,而组合形态又比较简单,常用的成分不加标志或采用短小的组合形式,显然是出于经济或省力的考虑。(Zipf 1935;沈家煊 1999)。

标记现象是人类用经济手段处理信息的一个适应性策略。如无特殊说明,计算机程序在一般情况下会自动处理某些信息,而当有特殊情况的时候,计算机就会执行相应的程序。(陈勇 2002)人类的认知不是简单地反映外部世界的现实,而是一个有选择、加工作用的过滤器,它要按照对自己有利的方式处理所感知的外界事物,以便在认知上处理少的信息。因此,无标记项相当于计算机缺省执行的程序,有标记项相当于计算机在需要特殊提示时执行的程序,无标记项被人脑处理的速度应该快于有标记项。心理语言学的研究在这方面也提供了证据,有标记项比无标记项在认知上更为复杂,处理的速度更慢。

2.1.2.3　语码转换和动态标记观

人们在讲话中通常都不得不选择某一特定的语码,也可以自行决定进行语码间的转换。有时甚至在极短的言谈中进行语码的混合,从而创造出一种新的语码(Wardhaugh 1998)。这种语码转换是一种谈话策略,目的是创造、超越或打破团体界限,以及建立、寻求或改变基于"权利和义务"(rights and obligations)的人际关系

（Gal 1988）。Myers-Scotton（1998）将语言形式视为以社会、心理含义为基础的集合，而不是以结构特征为基础。一项选择是否具有标记性，取决于说话人的"权利和义务"。无标记的选择是某一语境中可预测的行为。说话人做出这一选择是为了与受话人寻求当前无标记的"权利义务集"；做出有标记的选择则是为了寻求无标记之外的"权利义务集"。这种动态的标记模式认为，说话人在语码选择中通常倾向选择无标记的语码，选择有标记的语码是为了向受话人传递额外的信息，即意图义（intentionality）。说话人通过有标记的选择所传递的意图义以人们对所选择的语言形式所能产生的约定俗成的社会、心理联想为基础。也就是说，标记项传达的信息比无标记项传达的信息更精确、更具体，而且还具有另外的信息。（朱长河 2005）

2.1.3　标记理论在汉语研究中的运用

在汉语学界，文炼（1990）较早运用标记理论分析汉语事实，阐述了二项对立形容词和多项对立形容词的不同，指出了动词、反义形容词、代词和方位词中存在的种种不对称现象。沈家煊（1999）从语言理论到语言事实系统性地将标记理论运用到汉语语法研究中，着重对肯定与否定的不对称现象、主语与宾语的不对称和反义词的标记模式、形容词句法功能的标记模式进行了深入阐释，对汉语语法研究产生了深远的影响。

汉语语法学界运用标记理论比较集中地关注了两个问题：肯定和否定的不对称（石毓智 1992；沈家煊 1999）和词类的标记模式（文炼 1990；黄国营、石毓智 1993；张国宪 1995；沈家煊 1997b）。其他见于一些小类的研究。石毓智（1996、2000）从标记理论出发，运用从句的操作化手段，总结出汉语中的无标记语法结构，施春宏（2004）认为，根据能否进入从句这一单一测试框架来区分汉语中的无标记结构和有标记结构有很大困难，指出要注意区分句法层面的句式和话语层面的句式在标记度上的差异。延俊荣（2001）建立了动结式带宾语的关联标记模式：自主的动词构成的动结式带宾语是无标记的，非自主的动词构成的动结式不带宾语是无标记的。刘鑫民（1995）和董秀芳（2003a）还把标记理论运用于焦点的研究。刘文指出，无标记的焦点总放在述题结束的地方，标记焦点常常出现在句首或述题之外的句中、句尾，句首的标记焦点信息负荷量大，句末的标记焦点信息负荷量小。董文认为在普通句中，无标记焦点表现为正常句重音，有标记焦点通过句重音移位到焦点上或焦点成分移位到正常重音位置实现。

语言的功能主要是交流信息，语言的结构是语言为了表达信息交流的目的而进行自我调适的结果。语言的结构特别是语法结构在很大程度上是人的经验结构的模型。因此,汉语语法结构中存在的种种有标记和无标记现象很值得进一步发掘和研究。

2.2　问 题 的 提 出

　　形态变化丰富的语言中的很多语法意义不是通过语序来表示的,因此,语序相对比较自由。汉语没有丰富的形态变化,虚词和语序是汉语用来表现语法意义的最重要的手段,同时,语序是不自足的手段,汉语语法结构在语序的调整和变化中,有时需要通过移位、添加标记等手段。语言类型学的研究表明,由"主语、动词、宾语"构成的句法结构和由"施事、受事、动词"构成的语义结构在任何语言中都是最典型的。对形态缺乏的语言来说,"主语/施事+动词+宾语/受事"的句法配置是最佳选择,通过句法序列就能标示出动词跟它所支配的句法成分的语义结构关系。由于汉语缺乏形态,语义特征在汉语句法分析中的地位就显得相当重要,但这并不意味"汉语的句子成分和语义角色严格对应"。(施春宏 2004)例如:

　　(1) a. 小李看完了这本小说。

　　　　　b. 小李把这本小说看完了。

　　　　　c. 这本小说小李看完了。/小李这本小说看完了。

　　　　　d. 这本小说被小李看完了。

　　对于上面的例句,以往多从语法结构的转换、宾语的话题化、话题结构等角度讨论。我们从标记的角度出发,将标记性看作一个原型范畴(施春宏 2004),就需要分析语法结构的标记度,这个标记度既指同一句法范畴内部成员的有标无标的对立,也可以是不同句式之间的相对标记程度。相对于 a 而言,b、c、d 是有标记的语法结构,从标记度上来说,b、c、d 都比 a 要强。另外,在有标记的句法结构中,标记程度的不同对句法结构的解读和认识也不相同。

　　以往对语序的关注更多地集中在对语序的静态描写和解释上,我们关心的是这些标记和基本语序的互动选择关系。范晓(2001)具体阐述了句法语序、语义语序和语用语序的关系,大体如下:

　　(一)语义语序和句法语序的联系主要表现在它们之间往往是对应的,语义语序随句法语序的变化而起变化;语义语序和句法语序的区别主要表现在它们之间也有不对应之处,有时句法语序不变,语义语序却变了。

　　(二)语用语序和句法语序属于不同的语法平面。但也有一定的联系,如主语和主题的重合、宾语和主题的重合等。

（三）语义语序是句法语序和语用语序的基础。任何语法结构的成立，目的都是为了语用表达，因此，语用表达的需要会制约语序，但语用语序反过来又影响句法语序和语义语序。

范文对这三种语序关系的论述都是着眼于不同句式和句子之间的比较后得出的结论。那么，相同或者相互关联的句式之间是如何体现语序表达的三个平面的呢？本章通过对"把"字句和"被"字句的标记度进行考察，以期在此基础上阐释标记和语序三个平面的选择关联模式，以动态的视角对"把"字句、"被"字句的语序问题做出整体功能上的解释。

2.3　"把"字句的标记模式与语序表达的三个平面

"把"字句的语法意义到底是什么，一直是汉语学界热衷讨论的话题，学者们从不同的角度对"把"字句进行了细致的描写和研究，主要观点大致可以分成三种：

一是"处置"说。由王力（1943）提出，吕叔湘（1948）指出反例，如"把机会错过""你把这句话再想想"就不表示处置，之后也有很多学者认为"处置"不能概括"把"字句的全部意义，沈家煊（2002）认为"把"字句的语法意义是"主观处置"，王红旗（2003）认为，"把"字句有一个统一的语法意义，就是"处置"。[①]

二是"致使"说。这种观点的代表是薛凤生（1989）、戴浩一（1989），郭锐（2003）也持相同的观点，与"处置"说相同的是，"致使"义也不能完全解决"把"字句的语法意义，蒋绍愚（1997、1999）指出，所谓的"致使"实际上是动结式的语法意义，而不是"把"字句的语法意义。

三是"位移"说。这种观点的代表是张伯江（2000）、张旺熹（2001），他们认为"把"字句是一个完整的认知图式，着重从句式的整体功能上概括"把"字句的句式语义。

"把"字句不是一个单一的句法语义结构，是一个多义范畴，"处置"和"致使"都只能反映"把"字句的语法意义的一个侧面，"主观性"以及认知阐释使"把"字句的语用价值得以突显。从家族相似性来看，"把"字句是一组相似句式的集合，不能用某个单一的属性来做出全面的解释。从标记的角度来讲，标记度越低，越倾向原型范畴，标记度越高，越要倾向语义和语用的解读。标记度越高，越需要付出更

---

① 邵敬敏、赵春利（2005）认为"把"字句的主观性主要在于凸显说话人关注的焦点，提出了"焦点标记说"。

多的认知努力,有时需要依靠语用推理来理解"把"字句的意义。张伯江(2000)指出,"把"字句最大的特点就是它的语序格局。要了解这种语序格局的功能,只有把握句式的整体意义,才能解释许多分小类未能解释的语法现象,才能对许多对应的语法现象做出相应的概括。(沈家煊 1999)在实际的教学中我们发现,外国学生往往对"把"字句采取回避的策略,中国学生也很难将"把"字句说得非常清楚。因此,我们认为在"把"字句研究走向精细化的同时,关注其整体上的认知阐释是非常必要的。

2.3.1　句法上的标记模式①

"把"字句的句法结构可以码化为:A+把 B+VP(薛凤生 1989),在解释和描述"把"字句的时候,各家都要对"A""B""VP"的性质和特点进行分析。如主宾语的有定性、动词的处置性、谓语动词的非光杆性、动词的肯定性等(张伯江 2000),也有学者提出反例。从标记理论出发,我们认为,"把"字句的各组成部分的特点实际上体现了一个标记度的梯次差异,主要体现在以下几个方面。

2.3.1.1　A 的标记度

一般来讲,典型"把"字句的主语是由名词性成分来充当的,有时也有动词短语的情况,有时也可以不出现。例如:

(2)小王把玻璃打碎了。

(3)他把我恨死了。

(4)一场雨把我淋得浑身湿透了。

(5)三千米把我跑得气喘吁吁的。

(6)一顶轿子就把新娘抬来了。

(7)我跟你下棋把手都下臭了。

(8)他们说你撞了车,把我吓坏了。

(9)一进腊月,飘飘扬扬的两场大雪,断断续续地下了十几天,把个大山深处的连山乡,抚弄成一忘冰雪的世界。

(10)看把个小伙子伤心的!

从上面的例句可见,从例(2)到例(10),充当主语的成分各不相同。从充当的语义角色来讲,例(2)中的"小王"是典型的施事,例(3)中的"他"是受事,例(4)(5)中的"一场雨"和"三千米"是因事,例(6)中的"一顶轿子"是工具,例(7)一

---

① "把"字句的句法特征往往和语义紧密相连,因此这里从句法形式出发,也涉及语义的问题。

（10）中找不到主语，如果非要补出主语的话，只能是"这件事""这个消息""这种情况"，补出来的句子反而冗余不顺，例（10）不能补出主语。

"把"字句是表示通过一定的控制和致使力量作用于人或事物，主语充当的各种语义角色对句中动词的控制由强到弱形成一个系列：施事→准施事→系事→工具→时间→受事→因事→关涉者。因此，也可以说"把"字句主语的标记度是由低到高的一个序列。（张斌 2010）我们认为，这种标记度的不同是导致"处置"和"致使"分野的一个重要因素。就"处置"而言，一定要有处置的主体，如例（2）；而"致使"不强调施动的主体，更强调诱因，如例（3）—（9）。也就是说，对于表示"处置"的"把"字句来说，主语是句子的必有论元，而"致使"义"把"字句对论元主语没有特别的要求。例（10）既不强调"处置"，也不强调"致使"，表达一个整体的句式意义，凸显的是主观性。对于这种情况，我们就不能简单地给主语贴上施事或者受事的标签（张伯江 2000），因为一个句式就是一个完型（沈家煊 1999），这种情况的"把"字句标记度也就更高。表示"处置"的主体一般不会很复杂，但表示"致使"的原因会很复杂，可以是很长的短语形式。例如：

(11) 她多才多艺，<u>篮球、垒球、足球、网球和剑术</u>把她操练得窈窕健美，棕色的头发梳理整齐，深棕色的眼睛晶莹发亮，笑容传送高压电力。

(12) <u>你们的汽车、你们的舞蹈、你们自在的日子</u>，这两年已经把她的眼睛看迷了。

例（11）（12）画线的部分虽然在主语的句法位置上，但却不是施事，而是"致使"因子。

2.3.1.2　B 的标记度

"把"字后面成分的标记度主要体现在施事和受事、有定和无定上。受事宾语和有定成分是典型的，标记度低；施事宾语和无定成分是非典型的，标记度高。

我们先来看施事和受事的情况：

(13) 他把<u>花瓶</u>打碎了。

(14) 他把<u>衣服</u>洗了。

(15) 人生常常是这样，会把<u>自己</u>陷进一种欲罢不能的境况里。

(16) 前天你做菜给我吃，把碱当咸盐放了，差点没把<u>我</u>吃吐了。

例（13）（14）中的"花瓶"和"衣服"都是宾语，是受事成分，"把"字句表示"处置"义，当然也有人认为，像例（13）这样的句子既表"处置"又表"致使"，要注意这种"致使"义是由结果补语"碎"带来的；例（15）（16）中的"自己"和"我"是施事宾语，是非典型的宾语，标记度比例（13）（14）高，加上主语隐现，"把"字句表示"致使"，"使因"有可能是上文出现，也有可能是人们的共识。因此可以认为，B 标记度低的"把"字句表示"处置"，标记度高的表示"致使"。

再来看有定和无定的情况，大多数语法论著都认为"把"字句的宾语是有定的，也有人认为"一"是一个典型的无定标记。（陶红印、张伯江 2000；杉村博文2002；张谊生 2005a、2005b）例如：

（17）他把房子卖了。

（18）他把牙磕了。

（19）a. 他把这个苹果吃了。

　　　b. *他一个苹果都吃了。

　　　c. 他把一个苹果都吃了。

例（17）（18）中的"房子"和"牙"在说话人和听话人心中是有定的，或者说是已知信息（旧信息）。再来比较例（19），a 句中"这个苹果"是有定的，因此句子成立，b 句不成立，因为"一个苹果"是无定的，不能进行可及性处理，而加上了量化标记"都"之后，句子 c 就成立，但整个句子表达的是一种主观义，表示"出乎意外"的情况或者强调主观量。因此，标记的强弱不仅影响句法结构的成立与否，而且标记越强，越增加语用意义。

杉村博文、陶红印、张伯江等都从形式出发，认为"个"表示无定，张谊生（2005b）认为"个"是助词，他们一致的看法是"把个"是"把"字句中的特例，我们认为相对于一般"把"字句而言，其标记度更高，上面也讨论过，标记度高的"把"字句倾向表示"致使"，不能分析为"处置"。张谊生（2005b）也认为"把个"句表示"致使"。例如：

（20）除夕夜，四周的爆竹把个年夜烘托得无比幸福。

（21）重重地坐下去，张开嘴想对母亲说什么，又闭上嘴什么也不说出来，把个王老太急得简直不知如何是好！

另外，张文也列举了"把个"表示"处置"的例子：

（22）他用银链子把个大大的珐琅鼻烟壶挂在脖子上。

（23）聂小轩知道这里的规矩，便悄悄把个二两的银锭塞在烟壶的布包下边。

我们认为，这种例子和我们上面的分析并不矛盾，因为这里的"个"可以换成"一个"，虽然少了主观色彩。试比较：

（22）'他用银链子把一个大大的珐琅鼻烟壶挂在脖子上。

（23）'聂小轩知道这里的规矩，便悄悄把一个二两的银锭塞在烟壶的布包下边。

　　例(20)(21)中的"把个"无法换成"把一个","把一个年夜烘托得无比幸福"和"把一个王老太急得简直不知如何是好"都不合法。"把个"是语法化的过程,例(22)(23)没有例(20)(21)语法化彻底,标记度低,自然更倾向于表示"处置"。

2.3.1.3　VP 的标记度

　　VP 在"把"字句中至关重要,"把"字句的结构变化其实就是 VP 的变化,VP 是"把"字句的核心,"把"字句的焦点就在 VP 上,这样符合尾焦点的一般规律。"把"的作用就是将 B 提到前边作话题,而把语义焦点放在 VP 上。(崔希亮1995)。VP 一定是复杂形式,也就是说,一定是具有强标记性,"把"字句才能成立。

　　其实,VP 的标记度的等级差异直接制约着"把"字句意义的表达。一般来讲,当"把"字句前后出现的分别是典型施事主语和典型受事宾语①的时候,"把"字句往往表示"处置"义。这时 VP 里的动词往往是二价和三价的动作动词。这种是典型的"把"字句,标记度低。例如:

　　(24)你把窗帘拉上。

　　(25)他把床单洗干净了。

　　还有一部分"把"字句的主语和宾语是由非典型施事和非典型受事充当的,这时 VP 里的动词往往是心理动词或者是性状谓词。相对于一般 VP 而言,标记性更强,"把"字句往往表示"致使",而不表示"处置"。例如:

　　(26)火锅把我想死了。

　　(27)这件事把他高兴坏了。

　　(28)几口酒就把小李醉了。

　　从例(26)—(28)可见,"火锅""这件事""几口酒"都是非典型的施事主语,"我""他""小李"都是非典型的受事宾语;"想"是心理动词,"高兴"是形容词,"醉"是状态动词,都是非典型的动作动词。"把"字句的各个成分都是非典型的,标记度高,表示"致使"。

　　缪小放(1991)、崔希亮(1995)、张伯江(2000)都统计过"把"字句中 VP 的使用频率,较一致的看法是由述补结构的 VP 构成的"把"字句占绝对优势。张伯江

---

　　① Dowty(1991)指出,施事和受事等并不是初始概念,跟动词发生种种语义关系的成分中最基本的角色只有两类,即原型施事和原型受事。原型施事包括自主性、感知性、使因性、位移性和自立性,典型的受事具有变化性、渐成性、受动性、静态性和附庸性。因此,典型的主语具有典型施事的特点,典型的宾语具有典型受事的特点。

（2000）指出，谓语形式为动趋式的"把"字句占最大的比例，几乎相当于其他谓语形式数量的总和。我们认为，由动补结构构成的"把"字句的标记度也是不同的，也有"处置"和"致使"之分。由动趋式 VP 构成的"把"字句表示"处置"，由于动趋式的 VP 往往具有［位移］性，相对于其他 VP 标记度更高，"位移"往往不具有主动性，因此，不是"致使"而是"处置"的结果。

2.3.2　语义上的标记模式

上面主要从语法成分的表现形式上讨论标度和语法意义之间的互动关系，下面侧重从语义上考察标记度对"把"字句意义表达的影响，说明"处置"和"致使"是两个不同层面的概念。

2.3.2.1　"处置"义和"致使"义的标记度

"把"字句的语义问题也是一个标记度强弱的问题。"处置"义是"把"字句最典型的语义表达，"处置"义的"把"字句不仅强调句法形式上的主宾语关系，还强调主宾语的施受关系，从句式变换的角度来说，表"处置"的"把"字句也最容易和"主动宾"、"被"字句、受事主语句进行转换。例如：

（29）a. 小王打碎了玻璃。

　　　b. 小王把玻璃打碎了。

　　　c. 玻璃被小王打碎了。

　　　d. 玻璃小王打碎了。

例（29）中 a、b、c、d 四句的句式不同，但语义上的施受关系没有发生变化。因此，我们认为，"处置"义是"把"字句的基本语法意义。而表"致使"义的"把"字句转换就不自由。例如：

（28）' a. 几口酒就把小李醉了。

　　　b. 小李几口酒就醉了。

　　　d. 几口酒小李就醉了。

　　　c. *小李被几口酒醉了。

上面的句子变换以后，"几口酒"和"小李"之间是什么样的施受关系从"致使"的角度解释更为合理。另外，由补语成分突显的"致使"义和"把"字句要把表达的"致使"义不是一回事。"致使"义是"把"字句意义的主要部分，但不是全部（王红旗 2003）。例如：

（30）他们把那条大船击沉了。

（31）他把大树锯<u>倒了</u>。

（32）面条把我吃<u>腻了</u>。

（33）这课把我听<u>烦了</u>。

　　例（30）（31）中，"处置"是"把"字句的语法意义，而"沉了"和"倒了"这种"致使"义是"处置"的结果，因为在人类的认知范畴里，动作行为一定是和变化结果自然联系在一起的，有时也可以不出现结果，如"他把鸡杀了"。例（32）（33）的"把"字句表示"致使"而不表示"处置"。因此，将"处置"义和"致使"义分开并根据不同的情况进行选择处理，问题显得更简单。张谊生（2005b）指出："特定的句法形式必然会出现一定的语义内容，相应的语义内容同样需要借助特定的句法形式来表达"。表"致使"义的"把"字句从主语的低生命度、宾语的指称方式以及 VP 的特征上都是有标记的。

2.3.2.2　"处置"义和"位移"义的标记度

　　崔希亮（1995）、齐沪扬（1998）、张伯江（2000）、张旺熹（2001）都关注了"把"字句的位移特征，但角度和出发点不同。我们认为，这种位移是"处置"义的结果，而不是"致使"义的结果。认定"处置"和"致使"的统一标准是"施动"性，"处置"强调施受关系，所以才有主观处置和客观处置之分。"致使"不强调施受关系，而强调"致使因+致使结果"。杨素英（1998）指出，"把"字句表现某物、某人、某事经历一个完整的变化过程，或者有终结的事件，"把"字句的三种最初用法是：处置（给）是一个完整的物件传递过程，其终结点为收受人；处置（到）也是一个完整的物件安置过程，其终结点为目的地；处置（作）是一个完整的关系确立过程，其终结点是确立的称谓。我们同意杨文在"处置"义的基础上谈论"把"字句的位移性的观点。因为，"位移"需要驱动力，在句法上强调主语成分的必要性，而不是"致使原因"的必要性。

　　标记度和相似性有着密切的关系，相对于原型范畴的"处置"义"把"字句而言，表示"位移"的"把"字句是有标记。典型的受事成分往往是静态的，即作为动作行为的对象而存在的，而对它施加作用的施事成分常常伴随有"位移"特征，不同于典型受事成分的是，"把"字的宾语以自身的位移性为常态。（张伯江 2000）而"位移"又分为空间位移、时间位移、心理位移，这三者之间也存在一个标记度的问题。例如：

（34）他把<u>我拉上来</u>。

（35）她把<u>水递到我面前</u>。

（36）他坚持把<u>艺术之路走下去</u>。

（37）我得把义务尽到年龄。

（38）他把这个决定立刻告诉了领导。

（39）小王把他当作亲人了。

例（34）（35）表示空间的位移，例（36）（37）表示时间的位移，例（38）（39）表示心理的位移。三种位移虽然都表示"处置"义，但施受的语义关系有强弱的差别。空间关系是人的一种最基本的认知图式，它是其他关系的认知基础。从典型范畴理论来说，时间位移和心理位移都来源于空间位移，是空间关系意义到时间关系和心理关系的投射。例（36）（37）中表达时间意义的趋向词语"到、下去"都是借助空间的表达方式；例（38）也是把"决定"这个信息看成实物，这种认知上的"位移"义是传导隐喻的结果。例（39）反映的是一种认同心理，即把甲物放在乙物的位置上，"把 A 当作 B"是来自心理放置表达式的隐喻，这种隐喻就是一个"物质空间的定位"投射到"心理空间的定位"的过程。（张伯江 2000）我们认为，这种隐喻的过程也是一个标记度增强的过程，标记度越高越需要认知上的努力并寻求解释。

2.3.3　语用上的标记模式

通过上面的分析，我们认为"处置"和"致使"在"把"字句中的分工是比较明确的。"处置"是"把"字句的基本意义，当句法和语义上的标记度增强时，"把"字的"致使"义才得以突显，而"处置"的"结果"（补语表示的"致使"义）和"把"字句的"致使"义（句式义）不是一回事。"位移"义是"处置"义"把"字句中语义标记度突显的一类。语用上标记度的增强会带来"附加"信息，也就是说"处置"义、"致使"义、"位移"义看起来都不被突显了，得到"突显"的是一种主观的评价、态度和情感。在语法表现形式上，也有很强的标记性，这些特殊的"把"字句往往不要求句法成分的必要性，甚至连主语或者充当"把"字句中核心成分的"VP"也可以不出现。

按照来源，这类具有特定语用用途的"把"字可以分成两类：一类来源于"处置"义"把"字句（我把你这个 NP！）；一类来源于"致使"义"把"字句（"把个"）。

2.3.3.1　"我把你这个 VP！"的标记度

关于"我把你这个 VP！"这样的句子，王力（1943/1985）指出："骂人的话往往不把处置的办法骂出来，于是话只得说一半。"吕叔湘（1980）认为："'我把你这个……'后面没有动词，表示责怪和无可奈何。"高万云（1997）、张美兰（2000）、王幼华（2008）、李青（2011）等都撰文讨论过这个问题。从标记性来说，这种句子在句法、语义和语用上的标记度都很强，是为了表示特殊语用含义的一种语法形式。

其句法形式上要求主语必须是第一人称代词,宾语必须是第二人称代词,VP 不出现;语义上要求 NP 必须是贬义色彩的词语;语用上表现为主要用于表达说话者内心的愤怒和不满,或侮辱谩骂,或愤怒痛斥,或嫌怨责怪。这种特殊"把"字句的另一个特点就是通常用于口头交际中。沈家煊(2004)指出,语言演变不是源自语言自身,而是源自语言的使用,而且大部分是源自成人的语言使用。说话人和听话人在语用原则支配下的"在线"(on-line)交谈是语义演变最重要的动因。例如:

（40）我把你个小蹄子!

（41）我把你个王八羔子!

（42）我把你这个不要脸的!

（43）我把你这个没出息的东西! 你为什么不上进呢?

李青(2011)对这种句式表达的主观意义做了详尽的分析,我们关注的是这些非典型的"把"字句为什么能成立,其表达的主观意义是怎么来的。语言使用都是有动因的,我们认为这和语言的标记性有关。语言的标记模式和典型范畴理论密切相关,人类建立的范畴其实大都是典型范畴,它的内部成员的地位是不平等的,有核心和边缘之分。边缘的往往采用有标记的形式,有标记的形式在认知上具有复杂性。就上面特殊的"把"字句而言,我们认为这种认知的复杂性主要体现在语用推理上。

典型的处置义"把"字句就是一个"完形","我把你个 NP"之所以能够成立并被理解,在句法上是类推在起作用。[①] 由于"VP"不出现,所以,语义表达上的不自足性就需要语用推理的帮助。说话人不想说得太详细,解决的办法就是依靠语境从有限的话语中推导出没有说出而实际要表达的意思(或叫"隐含义")。"我把你个 NP"往往表达一种隐含的"处置"义,至于如何处置,说话人也想不清楚或者说不出来,这时说话人和听话人的"相互知识"(何兆熊 1989)就是推理的前提。"相互知识"往往不需要表达出来。从认知上来讲,说话人通过有标记的选择所传递的意图可以通过激活人们对所选择的语言形式所能产生的约定俗成的社会、心理联想得以实现。这也是为什么"VP"不在句法结构中出现的原因。另外,这个特殊的"把"字句的标记性还与一些语用原则密切相关。一方面是与经济原则密切相关,人类的认知计算是以经济性为导向的(沈家煊 1999;樊永仙 2008),即说话人总想在取得精确传递信息的效益时尽量减少自己说话的付出。因此,"我把你这个 NP"是个"半截子话"。另外,语言交流是说话人和听话人之间互相合作的一项活动,

---

①　所谓类推,指的是原有结构没有发生变化,但因套用某个法则,类推出不同于原来的新结构,新结构的表层不同于旧结构,但两者的底层意义不变。(参见王寅、严辰松 2005)

还要遵守合作原则(Grice 1975,1978)。"坏蛋、贼奴才、孽畜、狠心狼、狗腿子"等
"NP"已经具有了足够的贬低和斥责义,因此,"适量"和给对方留足面子也十分
重要。

　　综上所述,我们认为"我把你个 NP"是"处置"义"把"字句的一种特殊表现形
式,只是这种句子整体上不再强调句法成分和语义在语序方面的排列规则,突显
的是这个句式的语用含义,表达说话人的主观情感,因为说话人做出有标记的选
择,这就意味着额外的付出,这些额外的付出会获得额外的回报——传递附加
信息。

2.3.3.2　"把+个+NP+VC"的标记度

　　在表"致使"义的"把"字中,不管从使用频率还是表现形式上,"把+个+NP+
VC"的标记度都很高。例如:

　　(44) 这篇文章可<u>把我写哭了</u>。

　　(45) 这个南瓜<u>把他吃拉肚子了</u>。

　　(46) 偏偏又<u>把个老王病倒了</u>。

　　(47) <u>把个犯人跑了</u>。

　　例(44)(45)是比较典型的"致使"义"把"字句,句法语义特征表现为主语、宾
语不是典型的施事和受事,整个句式义凸显致使关系而不是处置关系。和这类
"把"字句相比,例(46)(47)有很高的标记度:"把个"句主语经常是从缺的结构模
式和低生命度的特征;谓语可以由一价动词或者常由特定的泛义动词充当;宾语的
指称方式和语义角色相对灵活;补语的标记方式和表达手段具有特殊性和多样性。
(张谊生 2005b)而这些突破句法限制的形式特点不是离散的、偶发的,而是整体上
表达一种特定的语用含义,也就是说,这种"把"字句不能再做句法上的分割和操
作,即不能进行变换。试比较:

　　(46)' a. ?老王病倒了。

　　　　　b. *老王被病倒了。

　　(47)' a. ?犯人跑了。

　　　　　b. *犯人被跑了。

　　变换以后,a 句不表示"致使"义,b 句不合法。因此,对于这种特殊的"把个"
句来说,从语用上解释更合适。杉村博文(2002)注意到,在这种句式中"NP"和
"VP"之间存在一种扭曲的语义关系,整个"把"字句的语法意义就会被笼统地描写
为"说话人对所发生的事件情景感到出乎意外"。张谊生(2005b)同意这种观点并
在此基础上进一步详细论述了"把个"句的表达功用和主观化色彩。张文的分析

给我们的启发很大,但通过分析张文的例句,我们发现值得进一步探讨的问题:并不是所有的"把个"句都表示致使。①我们来看张文的例句:

(48) 国的心一动,想:刚才我光注意了她的后影儿,<u>把个前影儿忽略了</u>,要不是衣服粘在身上还当就只有件衣服呢,人忽略的往往就是衣服底下的这个人啊。

(49) 他是浙江人,一口南方官话,<u>他把个"俺"字念得怪里怪气</u>,引起了大家哄笑。

(50) <u>把个东方春雨馋得伸手便来要</u>,却被秦宝宝一巴掌把手拍了回去,道:"你急什么,还没有烤熟呢。"

(51) 两人穿了露出身体大面积的游泳衣,在光天化日之下也敢做出几个青藤枯树交接缠绕的身段,<u>把个陈维高幸福得飘飘悠悠的</u>,跟着蓝天碧海一起年轻了不少。

例(48)(49)中的"(我)把个前影忽略了""他把个'俺'字念得怪里怪气"除了"个"之外,在句法表现形式上、语义的施受关系上和一般的"把"字句没有太大差别,我们认为两个例句中的"把"字表示"处置",而并非"致使";和例(48)(49)不同的是,例(50)(51)中"把个东方春雨馋得伸手便来要""把个陈维高幸福得飘飘悠悠的"两句中找不到明显的施事主语,而充当宾语的也不是受事,动词也是有标记的(一价、不及物),这两个句子中的"把"字才表示"致使"。这种差异在语序的选择变换上也体现得非常明显。来看变换之后的情况:

(48)' a. 我把个前影忽略了。

　　　 b. 我忽略了前影。

　　　 c. 前影被我忽略了。

(49)' a. 他把个"俺"字念得怪里怪气。

　　　 b. 他念"俺"字念得怪里怪气。

　　　 c. "俺"字被他念得怪里怪气。

(50)' a. 把个东方春雨馋得伸手便来要。

　　　 b. ?东方春雨馋得伸手便来要。

　　　 c. *东方春雨被馋得伸手便来要。

(51)' a. 把个陈维高幸福得飘飘悠悠的。

　　　 b. 陈维高幸福得飘飘悠悠的。

　　　 c. *陈维高被幸福得飘飘悠悠的。

① 陶红印、张伯江(2000),张谊生(2005a、2005b),李青(2011)等认为是致使。

例(48)(49)可以变换成主动句和被动句,表示处置,而例(50)(51)变化之后要么意思变了,要么句子受到严格的句法限制而不合格,表示"致使"。这说明标记度影响句子的语序选择,同时影响语法意义的表达,标记度越高,越不宜在句法语序中寻求解释。但同时,也不能忽视句法规则对语序选择的强制作用,例(48)(49)无法突破句法规则的限制,表示"处置"义,至于其表现出来的主观和情态义,和"个"有很大的关联。

2.3.3.3　其他语用上的标记度

"把"字句有一定的主观性,这种主观性往往是有语境标记或者词汇标记的。李青(2011)对能够进入"把"字句的语气副词进行了细致的描写,分为诧异、侥幸、意愿、逆转、巧合、强调、婉转、料定、领悟,共九类。例如:

(52) 我们<u>幸亏</u>把他带来了。(侥幸)

(53) 你不让他去,我<u>偏</u>把他带去。(强调主观愿望)

(54) 他不但不帮我,<u>反而</u>把我批评了一顿。(反预期)

(55) 让他拿书,他<u>却</u>把本子拿来了。(埋怨)

(56) 他<u>不巧</u>把书忘带了。(不希望)

语气副词是汉语表达主观性的重要手段。例(52)表达的侥幸义是由"幸亏"带来的,例(53)强调主观愿望的语气是由"偏"带来的,例(54)表达的反预期义是由"反而"带来的,例(55)表达的埋怨(责备)的语气是由"却"带来的,例(56)强调不是主观的故意是由"不巧"带来的。

再来看语境的标记对"把"字句意义的影响。例如:

(57) <u>我对着小王喊</u>,没想到<u>把小李喊醒了</u>。

(58) <u>老王打儿子</u>,结果<u>把老婆打哭了</u>。

单独说"我把小李喊醒了"和"老王把老婆打哭了"就表示"处置"义,而在上面的例子中,语境提供了充足的铺垫,"把"字句表示"致使",可见,表"致使"义的标记句在各个方面都是有标记的。

2.3.4　"把"字句的语法意义和标记模式

就现代汉语的基本语序而言,"把"字句无疑是一种有标记的句法结构。(石毓智 2000;施春宏 2004)这种有标记的句法结构到底表达什么样的语法意义是学界一直讨论的焦点。有的强调"把"字句的"处置"义,有的强调"把"字句的"致使"义,有的强调"把"字句的主观性和语用义,虽然也有学者从三个平面讨论"把"字句的句法、语义和语用功能,但都是从解决局部问题出发的。

从语序的角度来讲,我们认为"把"字句可以分为句法语序、语义语序和语用语序三个平面,这三个平面是互相关联的,体现了标记度的强弱。因此,"把"字句的语法意义也就体现在一个动态的系统中。石毓智(2000)和施春宏(2004)认为,汉语中无标记的基本的句法结构是"主语+宾语+谓语",对应其基本的语义结构是"施事+动词+受事"。汉语是一种依靠语序区别句子成分的语言,它的基本语法结构的规则完全可以用语义特征加以描写。而汉语有标记的语法结构是在各种语境因素制约下,对无标记结构进行语序变换或者添加语法标记而产生的。我们用标记度的强弱来说明"把"字句的语法意义,而标记度的强弱指的就是句法规则和语义特征对应的程度。总体上来说,我们认为"把"字句有两种最主要的语法意义:"处置"和"致使"。二者可以分开,在句法表现形式上,"致使"义"把"字句的标记度强于"处置"义"把"字句,甚至可以说"处置"义"把"字句在句法和语义上是无标记的[①],"致使"义"把"字句在句法和语义上是有标记的,二者形成一种互补的标记模式:

无标记组配	有标记组配
主+动+宾	(主)+动+宾语
施+动+受	非[施+动+受]
"处置"义	"致使"义

上面已经讨论过,只要能在句法上和语义上分析成"主动宾(施动受)"关系的"把"字句都表示"处置"义;相反,就表示"致使"义。

当"把"字句不能体现句法结构和语义结构之间的对应关系时(如"我把你个NP"和"把+个+NP+VC"),"把"字句表达说话人的主观态度,是一种具有特殊语用目的的"把"字句,但其语用意义还是来源于"处置"和"致使"。

综上所述,我们认为,标记是汉语语序选择表达的一种调节手段,标记度的强弱和语序的三个平面密切相关,语言的标记度越强,越对应于语用解读,因为标记具有语用信息传递功能和突出信息中心的功能。(孟凡胜、腾延江 2005)"把"字句的标记度和语序的这种选择对应关系可以用图 2.1 表示。

主观性弱------------------→主观性强
句法语序>语义语序>语用语序
处置(位移)>致使>情态语用义 →标记性强

图 2.1 "把"字句的标记度和语序的选择对应关系

① 这里的有标记和无标记是相对于"把"字句内部而言的。

可见,标记和语序可以构成一个连续统和等级体系,在这个体系中,我们可以动态地、分层次地整体看待"把"字句的特点:其一,"处置"义还是"致使"义既有联系又有区别,二者在句法层面、语义层面和语用层面通过标记度的调节"各司其职";其二,在一种语法结构内部观察语序的三个平面,建立三者的关联模式,而不是将三个平面独立地看待分析,它们之间是一种动态的选择互动关系;其三,这种标记模式对于汉语中其他的语序现象也具有解释力。

2.4 标记度和语序三个平面标记模式的验证

在汉语语序的研究中,"把"字句和"被"字句总是和S、V、O 三种成分之间在位置上的调换一起进行讨论,但学界也注意到并不是所有的"把"字句、"被"字句和"主动宾"之间都存在着变换关系,这种变化除了受到句法规则的制约,语义和语用因素的影响也十分重要。根据上面的分析,"被"字句三个层面的关系也可以用标记度的强弱来描写和解释。

2.4.1 "被"字句的句法语序

被动语态在世界语言里是普遍存在的。在汉语学界,有学者认为"被"是汉语被动句的标志,也有学者认为汉语没有被动句,因为被动句的概念来自印欧语。从类型学的眼光来看,我们认为在句法上"被"确实可以说是被动态的标记。例如:

(59) 敌人被我们打败了。

(60) 玻璃被他打碎了。

(61) 老师被他气哭了。

"被"字句和主动句之间的转换可以证明"被"是被动句的语法标记。例如:

(59)' a. 我们打败了敌人。

　　　 b. 我们把敌人打败了。

(60)' a. 他打碎了玻璃。

　　　 b. 他把玻璃打碎了。

(60)' a. 他气哭了老师。

　　　 b 他把老师气哭了。

上面的句子都是描记句,并且主语和宾语之间具有典型的施受关系,这种基于句法范围的语序调整比较自然。但也要注意,并不是所有的"被"字句都可以进行语序的调整,"被"字句构成成分之间复杂的语义关系会影响"被"字句性质的判定。

2.4.2　"被"字句的语义语序

如果句法和语义的标记度增强,即主语、宾语不再强调施受关系,"被"字的功能不在表示被动标记,而是引进发生某个动作或者事件的"动因"(邵敬敏、赵春利2005),或者动因根本不出现。这时"被"字句突显的是动作行为对其所标记对象的影响。例如:

(61) 她被<u>繁忙的工作</u>累病了。

(62) 他被<u>牛奶</u>吃胖了好几斤。

(63) 衣服被<u>大火</u>烧了一个洞。

(64) 箱子被<u>绳子</u>捆紧了。

例(61)—(64)中"繁忙的工作""牛奶""大火""绳子"等都不是动词的施事成分,而是语义上的"使因"成分。"被"字句强调的意义是"使因"和"结果",而不是被动关系。这一点从增添焦点标记上也能得到印证:

(61)' 她<u>是</u>被繁忙的工作累病了。

(62)' 他<u>是</u>被牛奶吃胖了好几斤。

(63)' 衣服<u>是</u>被大火烧了一个洞。

(64)' 箱子<u>是</u>被绳子捆紧了。

2.4.3　"被"字句的语用语序

现代汉语"被"字句中"被"的语用意义是直接从动词"被"的"蒙受、遭受"等词汇义发展演变而来的。由于"蒙受、遭受"义一般表示不幸或者不愉快的事情,现代汉语中的"被"字句多表示这个意义。但有时也表示有幸的、愉快的事情。而这种语用含义并不是"被"表达出来的,是整个"被"字句的语用激活义,这也是有标记可循的。例如:

(65) 被他这一句话<u>害死</u>了<u>两条人命</u>。

(66) 他被<u>市长授予</u>"荣誉市民"称号。

李临定(1980)曾对《骆驼祥子》中的"被"字句进行统计发现,没有一例表示褒义,这也在某种程度上说明,"不如意"是"被"字句倾向性的语用意义。但语言的使用也会受到社会文化背景的影响,陆俭明(2004a)、邢福义(2004)都注意到这种具有积极意义的"被"字句形成了一个小"独立王国",这是适应社会和时代发展的需要而出现的新的语用形式。其典型的标志是"被授予""被评为""被表彰为""被聘为""被任命为"等表示褒扬和赞誉的搭配形式。

还有一种特殊的语用格式标记度较高,即"被 X"格式。例如:

(67)"请不要乱说,不要乱写",在一次又一次地"<u>被结婚</u>"后,这或许就是无奈的赵薇的心声吧。(《南方都市报》,2009 年 7 月 31 日)

(68)10 月 31 日,深处舆论漩涡中的白岩松接受记者专访,表达了对"<u>被自杀</u>"之事的感慨和一个媒体人对自己身处行业的反思。(《新文化报》2009 年 11 月 3 日)

(69)捐助灾区,孩子又要"<u>被捐款</u>"?(《现代快报》,2010 年 4 月 1 日)

这种"被 X"现象曾引起了学界的广泛关注,这种特殊的"被"字结构在句法规则上的分析性较低,但语义和语用规则的分析性很强,是"被"字句句法化和词汇化共同作用的结果。(杨炎华 2013)甚至,这种特殊的语用现象还可以还原成"被"字句,达到一种特殊的修辞效果。例如:

(70)经济<u>被楼市繁荣了</u>,学生<u>被学校就业了</u>,居民<u>被统计富裕了</u>,国家<u>被 GDP 强大了</u>!(强国论坛,2009 年 7 月 28 日)

可见,被动标记形成后,有着自身的发展动力,这是一个来自语法结构内部的语义选择、调整、虚化的语法化过程。(何洪峰 2004)另外,从这种特殊的语用现象来看,语言的表达看重构式(construciton)远胜于看重组件(component),而构式格局的形成,往往可以追溯到认知语义的理据。(张伯江 2001)

2.4.4 "被"字句的语法意义和标记模式

沈家煊(1999)指出,动词在主动句和被动句中的分布是不对称的:多数动词既可以出现在主动句,也可以出现在被动句;但有少数动词只能出现在主动句,而不能出现在被动句中。例如:

吃	猫把鱼吃了	鱼被猫吃了
赚	你赚了不少钱	钱都叫你赚了
解决	我解决了一个难题	难题让我给解决了
姓	我姓张	*张让我姓
像	他的面貌像他的哥哥	*他的哥哥被他的面貌像
属于	出土文物属于国家	*国家叫出土文物属于

为什么"姓、像、属于"这类动词不能用于被动句呢?这种表示属性的动词只能用在固定的句法结构中,也只能在句法的基础上理解其表达的语义内容,而无法将其置于语义、语用、语序的框架下进行加工和理解。但我们检索发现,网页或者报纸标题像"我被姓兰""被像谁"这些在句法上不合格的句子是可以说的,是因为

其超越了句法结构,当句法语序无法正常解读的时候,人们便寻求语用的补救机制,于是"我被姓兰""被像谁"体现的是一种语用语序,模拟句法结构来推衍其背后要表达的语义内容,使得语言表达深刻、简洁。

综上所述,"被"字句和"把"字句一样,其语序的表现形式也可以分为三个平面,而标记度负责各个平面之间的关联和互动,如图 2.2 所示。

主观性弱 ┄┄┄┄┄┄┄┄┄┄┄┄┄┄┄┄┄→ 主观性强

句法语序>语义语序>语用语序
被动标记>强调"使因—结果">词汇化 ↘ 标记性强

图 2.2 "被"字句语序的表现形式

2.5 小 结

本章从标记理论出发,认为汉语的语序存在三个平面,而这三个平面之间不是孤立的、不关联的。我们通过对"把"字句和"被"字句的阐释,发现标记度和语序之间的选择对应关系,标记度越高,越倾向于语用语序的解读,即句法语序>语义语序>语用语序(标记度强)。这种标记模式建立的意义是:(一)汉语的语序是一种不自足的语法手段,同时,语序又表现出灵活性和复杂性,从标记理论出发,用动态的方法描写和解释汉语的语序变化,更能从整体上看清汉语语序的特点和语法规则;(二)用标记来体现一种连续统,遵守了从形式和意义相结合的研究原则。另外,语序三个平面的标记模式是着眼于对语法现象的功能解释,我们在这一章里做了尝试,至于是否有例外和谬误,留待后面继续验证和研究。

第三章 "限定性成分+NP"结构语序表达的选择性研究

可及性(accessibility)是一个认知心理学术语,指从大脑记忆系统中提取某个记忆单位或语言单位的便捷程度。认知功能语言学家将这一概念运用到语言研究和分析中,并形成了可及性理论(Accessibility theory)。我们发现,现代汉语中的"限定性成分+NP"的可及性和句法位置(语序的选择变化)密切相关,语序的安排会对"限定性成分+NP"的解读产生不同影响,主要原因在于"限定性成分+NP"可及性的差异,本章根据可及性理论,对这一结构的语法性质和话语功能进行详尽的考察和解释。

3.1 可及性理论

可及性理论(Accessibility theory)可以从类型学视角、语篇回指、汉语的实际情况等三个方面进行解读。

3.1.1 类型学研究中的可及性理论

Keenan & Comrie(1977)提出"可及性"(accessibility)这个概念,阐释世界上不同语言在进行关系化句法操作时所共同遵循的原则,他们提出了名词短语可及性等级体系(NP accessibility hierarchy),认为在一个句子的主语、直接宾语、间接宾语和旁语等成分中,主语比直接宾语具有更高的可及性,直接宾语又比间接宾语具有更高的可及性,依此类推,就构成一个可及度等级序列:主语>直接宾语 >间接宾语>旁语。这个等级说明,提取等级左边的成分相对于提取等级右边的成分更加不受限制。也就是说,在运用其他句法规则时,位于左边的名词性成分也总是比位于右边的名词性成分具有更大的适应性。并认为这是世界语言的一条普遍规则。汉语也是如此,例如,在"张三跟王五一起把礼物送给李四"这个句子中,"张三"是主语,"礼物"是直接宾语,"李四"是间接宾语,"王五"是旁语,如果分别提取这些名词作为一个名词短语的中心语,可以得到:

a. 跟王五一起把礼物送给李四的那个人。(提取主语"张三")
b. 张三跟王五一起把礼物送给李四的那件礼物。(提取直接宾语"礼物")

c. 张三跟王五一起把礼物送给他的那个人。(提取间接宾语"李四")

d. 张三跟他一起把礼物送给李四的那个人。(提取旁语"王五")

从上面可以看出,在提取间接宾语和旁语时,必须出现代词"他"来复指提取的名词才合法,也就是说,提取间接宾语和旁语要受到一定的语法限制。对于所有语言而言,如果提取等级上的某一项不受限制,提取该项左边的各项也不受限制。(沈家煊 2005)这一可及性可以称作句法可及性。

汉语研究中与此相关的主要是关于可别度的研究,陆丙甫(2001、2005)认为"可别度"这个术语可以将种种对分布产生相似作用的因素都概括进来,并可以广泛地解释语序的相关问题。

3.1.2　语篇指称研究中的可及性理论

Sperber & Wlison(1986)在论述关联论时使用了可及性这一概念,Ariel(1988,1990,1991,1994)从认知的角度系统阐发了这个概念并形成了可及性理论。这里的"可及性"是听话人将所听到的有定名词或名词短语的所指与语境中存在的或者自己的知识储备中存在的某种具体对象联系起来的反应速度。Ariel 的研究目的就是要找出话语中有定名词短语在听话人一方的这种反应速度的差异及其形式标记。Ariel 将可及性标识语进行了划分:

> 低可及性标识语:专有名词和有定描述语
> 中可及性标识语:指示词语
> 高可及性标识语:代词及其零形回指

Ariel 认为可及性的差异不仅存在于这三大类中,可及性的差异是一个连续的等级序列,其通过对英语、希伯来语、汉语等多种语言有定名词短语语境相关性、依赖性的观察和分析,并具体把各种名词性成分(回指语)的可及性程度作了等级划分:

> 全名+修饰语<[①]全名<长有定描述 NP<短有定描述 NP<姓氏<名字<远指代词+修饰语<近指代词+修饰语<远指代词+NP<近指代词+NP<远指代词 <近指代词<重读代词+手势<重读代词< 非重读代词<附着化代词<极高可及性标记(包括空语类、反身称代和一致性标记等)(许余龙,2004)

在这种根据心理实体提取的难易程度建构的名词性成分可及性等级模式中,名词性成分的可及性越高,语言的编码形式就越简单,听话人在理解过程中需要付出的认知努力就越少;反之,名词性成分的可及性越低,采用语言的编码形式就越

---

① "<"表示由低到高。

复杂,听话人在理解过程中需要付出的认知努力就越多。因此,在没有任何前提知识的背景下,说话人往往采用低可及性标识语,通过增大指称的信息量来降低心理实体的提取难度。熊学亮(1999)、周平(2001)、许余龙(2000、2002、2012)、刘礼进(2003)、蒋平(2003)、王义娜(2003、2006)、李劲荣、范开泰(2005)、罗耀华(2006)、刘贤俊(2006)、吴早生(2010)、吴永强(2013)等国内外语和汉语学界的学者们借鉴 Ariel 的理论展开可及性讨论。

3.1.3　汉语语法研究中的可及性理论

基于 Givón(1984)、Taylor(1994、1995)的相关研究,沈家煊用可及度(accessibility)讨论可及性问题。沈家煊、完权(2009)认为不仅已知信息有可及度,未知信息也有可及度。洪波(2010)指出,Ariel 的可及性理论都是在有定名词(短语)也就是已知(giveness)范畴内展开的,没有提及表达新信息的名词(短语)也存在可及性问题。由于以往采用的"已知"(givenness)或者"定指"(definiteness)都无法区分听话人接受有定名词短语时将其与特定的所指对象联系起来的反应速度的差异,而可及性这个概念能够体现这种差异,Ariel 的研究目的就要找出话语中有定名词短语在听话人一方的这种反应速度的差异及其形式标记。沈家煊、完权(2009)认为洪波(2008)中提到的可及性阐释并不可靠,并进一步廓清"指别度""可及度""提高指别度"等概念。关于可及性,沈、完认为是有程度差别的,并将其改称为可及度:说话人推测,听话人听到一个指称词语后,从头脑记忆中或周围环境中搜索、找出目标事物或事件的难易程度。容易找出的可及度高,不容易找出的可及度低。可及度高低由搜索目标的客观状态决定,例如,周围环境中体大的比体小的可及度高,记忆中近期储存的比很久前储存的可及度高,新搜索的目标跟刚找出的目标相似的比不相似的可及度高,找出过的目标再搜索一次时可及度较高。可及度的高低最终是由说话人主观认定的。跟可及度相对的是指别度:说话人觉得,他提供的指称词语指示听话人从记忆中或周围环境中搜索、找出目标事物或事件的指示强度。指示强度高的指别度高,指示强度低的指别度低。指别度高低由指称词语的客观状态决定,例如,带指示词的比不带指示词的指别度高,代词比一般名词的指别度高,限定词语多的比少的指别度高,重读的比不重读的指别度高。指别度的高低最终也是由说话人主观认定的。指别度和可及度的联系是:指称目标对听话人来说可及度低,说话人所用指称词语的指别度应该高;指称目标对听话人来说可及度高,说话人所用指称词语的指别度可以低。要提高指称目标的可及度,就要提高指称词语的指别度;提高了指称词语的指别度,也就提高了指称目标的可及度。(沈家煊、完权 2009)

可见,可及性理论并非是一个封闭完整的理论体系,除了 Ariel 对可及性进行系统的阐述以外,Gundel(1993)、Fauconnier(1994、1997)、Givón(1990、1995)、Taylor(1994、1995)等从不同的角度都涉及可及性的研究,比较一致的观点是:可及性高的成分更容易作话题,下面主要基于此展开讨论。

3.2 问题的提出

在现代汉语中,限定成分(人称代词、数量短语)和指人名词或名词短语(以下记作 NP)组合之后的结构性质不具有唯一性,如"我一个老师""你一个学生""他一个工人"等,既可以分析为同位结构,也可以分析为偏正结构。这种结构的定性和 NP 的指称性有很大关系,有的名词是有指的(referential),有的名词是无指的(nonreferential)。例如:

(1)他的老师教得好,所以,他的老师当得好。

例(1)中"他的老师教得好"中的"老师"是有指的,"他的老师当得好"中的"老师"是无指的。有指是交际双方明确所指对象,有明确的外延,无指名词代表的概念有内涵而无明显外延。(张斌 2008)因此,当我们把"人称代词、数量成分和指人 NP"组合成的指称结构分析为偏正关系时是有指的,分析为同位关系时往往是无指的。① 刘街生(2004)指出,像"你一个大学生"这种结构既有一定的并立性,也有一定的说明性,这里的"说明性"就是 NP 内涵的激活。张伯江(2010)阐释了汉语限定成分的语用属性,张旺熹(2010)分析了"人称代词+NP"复指结构的话语功能,陈景元(2012)、唐雪凝(2013)描写并揭示了"人称代词+一个 NP"的句法语义功能和语用价值,这些研究对我们有很大启发,但人称代词、数量/指量成分和指人 NP 共现的语序特点和理据还有待深入阐释,搭配组成的指称结构之间有哪些共性和差异? 不同的结构定性有何不同的句法表现形式? 本章拟从可及性理论出发寻求句法和语用上的解释。

3.3 "限定成分+NP"结构的语序特点和性质

限定成分(人称代词、数量/指量成分)和 NP 的组合方式有很多种,比较典型的有以下几种②:

---

① 也可以说是类指(generic)(刘丹青,2002),为方便下文的论述,以下采用"类指"的说法,并将"有指"的说法改成"特指"。

② 还有一些和本研究不相关的组合方式,这里不赘述,有些短语引自张伯江(2010)。

单数人称代词+一(量)+NP：我一个老师　　你一个学生　　他一个工人

单数人称代词+这(量)+NP：我这个局长　　你这位电脑工程师

单数人称代词+那(量)+NP：他那个演员

复数人称代词+这(量)+ NP：我们这帮留学生　　你们这些乖孩子

复数人称代词+那(量)+ NP：他们那些流浪汉

上面的这些结构有如下特点：

(一) 人称代词>①数量成分，人称代词在前，数量成分在后；如果相反，就不合法，例如：

　　　　*一个我老师　　　　　*一个你学生　　　　　　　*一个他工人

(二) 人称代词>指量成分，人称代词在前，指量成分在后；如果相反，就不合法，例如：

　　　　*这个我局长　　　　*这位你电脑工程师　　　　*那个他演员

　　　　*这帮我们留学生　　*这些你们乖孩子　　　　　*那些他们流浪汉

(三) 上面的例子都是有歧义的，既可以分析为同位结构，也可以分析为偏正结构：

A 组

我一个老师＝我的一个老师(偏正结构)

　　　　　＝我│一个老师(同位结构)

你一个学生＝你(教)的一个学生(偏正结构)

　　　　　　＝你│一个学生(同位结构)

他一个工人＝他(雇佣)的一个工人(偏正结构)

　　　　　　＝他│一个领导(同位结构)

B 组

我这个局长＝我(隶属)的这个局长(偏正结构)

　　　　　　＝我│这个局长(同位结构)

你这位电脑工程师＝你(聘用)的这位电脑工程师(偏正结构)

　　　　　　　　＝你│这位电脑工程师(同位结构)

他那个演员＝他(选中)的那个演员(偏正结构)

　　　　　　＝他│那个演员(同位结构)

---

① "＞"表示"先于"。

C 组

我们这帮留学生＝我们(指导)的这帮留学生(偏正结构)

　　　　　　　＝我们｜这帮留学生(同位结构)

你们这些乖孩子＝你们(养)的这些乖孩子(偏正结构)

　　　　　　　＝你们｜这些乖孩子(同位结构)

他们那些流浪汉＝他们(收容)的那些流浪汉(偏正结构)(张伯江例)

　　　　　　　＝他们｜那些流浪汉(同位结构)

是不是所有的 NP 进入这种结构都产生歧义呢？数量和指量成分对这个结构有何影响？同位和偏正有何差别及它们的句法表现如何？下面具体讨论。

3.3.1 人称代词>数量、指量成分的认知理据

在实际的话语中,我们往往采用某种语言表达形式来表示所指的人或事物,并使该语言表达形式与所指称的对象在特定的语言环境中建立对应关系,这种对应关系需要听话人识别,而可及性制约着听说人识别概念实体的难易程度。可及性是一个认知心理学术语,是指从大脑记忆系统中提取某个记忆单位或语言单位的便捷程度。Ariel(1990、1994)的可及性理论把名词短语按可及性分为高、中、低三大类。从认知规律上来说,越是可及性高的对象越容易先被识别,听话者将听到的词语所指与语境中存在或者自己的知识储备中存在的某种具体对象联系起来的反应速度就越快;反之,则识别的难度增加,建立对应关系的速度也慢。因此,不管对言者还是对听者来说,采用和理解的指称结构都会按照高可及性在前、低可及性在后的原则进行信息加工处理,人称代词可及性最高,指示词语居中,可及性越高,可识别度越高,越容易占据领先的位置,因此,当人称代词与指示代词共现修饰 NP时,往往人称代词在前,指示词语在后。同样的道理,数量成分的可及性没有人称代词高,可识别度低,在与人称代词共现修饰 NP 时,通常是居后的。

吕叔湘(1985)指出:"与领属性的定语同用,这、那无例外地在后",吴早生(2009)考察大量语料后发现,汉语的"一+量""这/那+量"所处的位置,绝大部分都位于领有者之后的非居首位置。实际上,他们所说的领属性定语和领有者通常是由人称代词充当的。

3.3.2 NP 对短语性质的制约和影响

需要注意的是,"人称代词+数量/指量成分+NP"产生歧解的程度是有差别的,不同的 NP 制约和影响短语性质的解读。

唐雪凝(2013)指出:"单数人称代词+一个 NP"对 NP 或 NP 中心语的选择有不同的要求,同位性的"单数人称代词+一个 NP"中 NP 的中心语都是身份名词,如干部、工人、服务员、农民、运动员等,偏正性的"单数人称代词+一个 NP"中 NP 的中心语大都是关系名词,如同乡、同学、朋友、战友、邻居等。但这种区分也不是绝对的。来看例子:

D 组

a.　我一个战友　　　　你一个朋友　　　　他一个邻居

b.　我一个干部　　　　你一个农民　　　　他一个运动员

a 组中的 NP 都是由关系名词构成的,b 组中的 NP 都是由身份名词构成的,两组都可以分析为同位结构或者偏正结构,但是有区别:a 组更容易优先分析成偏正结构,也就是说,a 组要依托具体的语境才能分析为同位结构,例如,在"我一个战友,对于他私人问题不便多说什么"中,"我一个战友"强调我是"战友"的身份,关系还不至于那么近。"同学"和"战友"也是如此,只有在语境中才强调身份是"朋友"和"邻居",而不是其他关系时才能分析为同位关系;b 组和 a 组的情况正好相反,b 组更容易优先分析为同位结构,甚至还有更具体的表达:

　　　　我一个普通干部　　　　你一个农家子弟　　　　他一个国家运动员

b 组中要在具体的语境中才能分析为偏正结构,如"我(提拔的)一个干部""你(帮助)的一个农民""他(管理)的一个运动员"。

按照标记理论(沈家煊 1999),a 组分析为偏正结构是无标记的,分析为同位结构是有标记的,b 组正好相反。将整个指称结构分析为偏正关系时,NP 是特指的;分析为同位关系时,NP 是类指的。这样,NP 和指称结构性质的关系可以用以下标记模式来表示:

	人称代词+数量成分+ NP关系	人称代词+数量成分+NP身份
偏正结构(特指)	无标记	有标记
同位结构(类指)	有标记	无标记

以上讨论的是"人称代词+数量成分+NP"的情况,我们再来看"人称代词+指量成分+NP"的情况。

E 组

a. 我这个战友　　　　你这个朋友　　　　他这个邻居

　　我们这些战友　　　你们这些朋友　　　他们这些邻居①

---

① "复数人称代词+这个/那个+NP",如"我们这个战友""我们这个局长"等没有歧义,只能分析为偏正结构。

b. 我这个局长　　　你这个工程师　　　他那个演员

　我们这些局长　　你们这些工程师　　他们那些演员

　　a组和b组也是有歧义的,a组中的NP是关系名词,容易优先分析成偏正结构,是无标记的,这时,NP所指不是人称代词,而是特指他人;a组要依托具体的语境才能分析为同位结构,是有标记的。b组的情况正好相反,b组中的NP是身份名词,容易优先分析成同位结构,是无标记的,要依托具体的语境才能分析为偏正结构,是有标记的。这样,NP和指称结构性质的关联模式如下:

	人称代词+指量成分+ NP$_{关系}$	人称代词+指量成分+NP$_{身份}$
偏正结构(特指)	无标记	有标记
同位结构(类指)	有标记	无标记

　　根据上面的分析,我们就可以得到"限定成分+NP"的结构性质、指称类别之间关系的两个无标记组配:

标记组配	无标记组配
限定成分+指人 NP$_{关系}$	限定成分+指人 NP$_{身份}$
偏正结构	同位结构
特指	类指

　　根据上面的分析,我们解释了"限定成分+NP"产生歧义的原因和分析为不同结构类型的语法理据。

　　上面从 NP 的性质、指别特征等方面说明了 NP 对指称结构的影响和它们之间的关系,不同指称结构之间的差异又是如何表现的呢? 下面讨论 NP 的性质和指称结构之间的互动关系。

3.3.2.1　NP 的可及度[①]

　　NP 的可及度对指称结构的识别也有一定的影响,不管 NP 是身份名词还是关系名词,都有歧义,这就造成了听者识别的难度,因此可及度低,不过也有一些特殊的名词可及度较高,不容易产生歧义,如"我一个将军""你一个男人"是同位结构。(唐雪凝 2013)在实际的语料中我们发现,提高 NP 的指别度[②],往往不会产生歧义。例如:

---

　　① 可及度是指说话人推测听话人听到一个指称词语后,从记忆中或周围环境中搜索、找出目标事物或事件的难易程度,容易找出的可及度高,不容易找出的可及度低。(沈家煊、完权 2009)

　　② 指别度是指说话人觉得,他提供的指称词语指示听话人从记忆中或周围环境中搜索、找出目标事物或事件的指示强度。指示强度高的指别度高,指示强度低的指别度低。(沈家煊、完权 2009)

我一个堂堂须眉男子　　你一个大老爷们　　他一个三级演员

我这个傀儡县长　　你这个省委书记　　他这个全村出了名的大孝子

上面的"堂堂须眉男子""大老爷们""三级演员""傀儡县长""省委书记""全村出了名的大孝子"都是指身份的 NP,其指别度高于单纯的身份名词,NP 的可及性得到提高,指称结构消歧,只能分析为同位关系。在统计语料中我们发现,这种同位关系的使用频率远远超过偏正结构,其特殊的语用价值在下文讨论。

3.3.2.2　NP 的信息度

这里的信息度(informativity)是指能为目标的识别提供可靠有效的提示信息的程度。(Taylor 1994,沈家煊 2000)说话人指称一个事物是为了让听话人识别这个事物。受到社会文化等多种因素的制约,不同的 NP 对说话人和听话人而言信息度的高低是不同的。从上面的讨论中可以看到,像"老师、同学"等一类名词在静态的指称结构中,既可以理解为偏正结构,也可以理解为同位结构,但如果提高 NP 的信息精确度以后,试比较:

我一个老师　　　　　我一个普通老师

你一个儿子　　　　　你一个羌族农民的儿子

他这个局长　　　　　他这个克己奉公的局长

从上面的例子可见,单纯的 NP 在静态的短语里可以理解为偏正结构和同位结构,提高了 NP 的信息度以后,往往要理解为同位短语。

3.3.2.3　NP 的凸现度

从认知上来说,人们往往多注意凸现度高的事物或者概念。一般来说,信息度高的概念,可及度也高;可及度高的概念,信息度也高,这是因为它们都和凸现度有关,可及度高的概念离我们的心理距离近,近的比价显著,所以,凸现度也高。(沈家煊、王冬梅 2000)例如:

我一个普通干部　　你一个残疾人　　他一个傻子

我这个乡下人　　你这个黄毛丫头　　他这个捣蛋鬼

很明显,这里的 NP 所在的指称结构只能分析为同位结构,因为像"普通干部""残疾人""傻子""乡下人""黄毛丫头""捣蛋鬼"在人们的认知上要比一般的指人名词信息度高,更容易和前面的人称代词形成同指称关系,因此,也不会造成识解上的歧义。另外,专有名词的凸现度更高,和人称代词构成的指称结构往往不能用数量/指量结构来限定。例如:

（2）<u>我田墨轩</u>一生只屈服于真理,还没有惧怕过手枪。①

（3）<u>我李云龙</u>无能,来独立团抢了你孔大爷的饭碗。

（4）<u>你孔二愣子</u>一眨眼成了政委了?人家老赵好歹是个知识分子。

上面讨论的都是同位结构,下面讨论偏正的指称结构和同位的指称结构的差异。

3.3.2.4 NP 的[属性]特征

不管是身份 NP 还是关系 NP,在实际使用过程中,如果着重表达的是 NP 的属性特征,指称结构一定是同位关系,NP 是言者对人称代词所关涉对象的某种特定身份属性的主观认定。(张旺熹 2010)例如:

（5）<u>我一个寡妇</u>,哪里有过这种又说又笑又吃酒的日子。

（6）<u>你一个下台的公安局长</u>,他们根本用不着怕你。

（7）大概这所中学办到哪一天,<u>他这个教导主任</u>就会当到哪一天。

上面提到,同位关系的指称结构在话语中使用得更频繁,NP 的语法、语义和语用属性,即 NP 的[身份][类指][属性]特征共同制约同位关系的确认。

3.3.3 关于数量和指量成分的说明

能够进入"限定成分+NP"结构的数量和指量成分有很多,如"一个、一位、这个、那个、这些(帮)、那帮(帮)"等,但"一个、这个、那个"最具典型性,是带有限定性质的比较固定的语法单位,虽然它们还没有充分语法化为纯粹的限定词。(张伯江 2010)

另外,非数量用法的具有限定词性质的句法单位"一个"有两个简省形式:"个"和"一"(吕叔湘 1944/1984;方梅 2002;董秀芳 2003b;张伯江 2010)。这一点十分重要,因为由表示数量的"一个"构成的结构不具有歧解,与非数量的"一个"构成的指称结构的性质是不同的,唐雪凝(2013)混淆了"一个"的性质,从而把不同性质的同位结构放在一起分析。例如:

（8）可惜我能读不能做。但是万千读者中多<u>我一个读者</u>,也不算辱没先生,我又引以自豪了。

（9）桑杰抗珠家里有 10 口人,只有<u>他一个劳动力</u>。

我们主要围绕具有典型限制性质的"一个、这个、那个"等数量和指量成分构成的指称结构展开讨论,涉及复数人称代词时,也会有"这些、那些"的例句。

---

① 语例引自张旺熹(2010)。

3.4 "限定成分+NP"结构的可及性差异和语序选择

偏正关系的指称结构和同位性质的指称结构的独立性是有差异的,不管是在句法上还是在语义上,偏正结构相对自足,独立性强;同位结构相对不自足,独立性差。试比较:

a. 我(的)一个朋友　　他(的)一位小学老师　　你(的)这个同学
b. 我一个打工妹　　　他一个小工人　　　　你这个妇女主任

a组是偏正结构,b组是同位结构,作为静态短语,a组的句法独立性和语义完整性都高于b组,a组在没有语境提示的情况下单说很自然;但b组就不自然,句法独立性差,当听者识别"我一个打工妹""他一个小工人""你这个妇女主任"时,往往心理会激活"怎么了? 怎么样?"之类的具体相关信息。其原因可以解释,上面已经指出,偏正结构往往是特指的,同位结构往往是类指的,特指的可及性低,类指的可及性高,(Ariel 1990;Gundel 1993)当说话人采用有指的短语形式时,在没有任何前提知识的背景下,说话人会倾向于选择低可及性标示语进行指称描述(Ariel 1990),听话人很容易将其进行低可及性处理,将这个短语处理为偏正结构,当说话人采用类指的短语形式时,会激活听话者的百科知识和识别程序,提高心理实体的提取难度,并将其处理为同位结构。

可及性低的倾向作句法处理,可及性高的倾向作语用解释。可及性差的偏正关系"限定成分+NP"结构更倾向作句法成分,而可及性高的同位关系"限定成分+NP"结构更倾向作话题成分,刘丹青(2002)指出,类指成分最适合作话题,也就是说,前者更倾向选择句法语序的解释,后者更倾向选择在语用语序中体现价值。

3.4.1 偏正的"限定成分+NP"结构倾向作句法成分

偏正关系的"限定成分+NP"结构更倾向做句法成分。例如:

(10) 结婚登记处节假日也不休息了。我一个朋友结婚,就是利用那个假期去办的结婚证。

(11) 你一个同学刚才来找过你,让你回来后跟他联系。

(12) 我喜欢你们这些乖孩子。

(13) 我对他们那些流浪汉没有印象。

(14) 他是我一个领导的远方亲属,请你多关照一下。

(15) 我认识你那个同事的爸爸。

例(10)(11)的画线部分做主语,例(12)(13)的画线部分做宾语,例(14)(15)的画线部分做定语,这些都没有超出句法的范围。如果加上"啊、呀"这类话题标记,偏正关系的"限定成分+NP"结构能否突破句法限制做话题,但不多见,并且和我们要讨论的由 NP 属性激活的话题是不同的。

3.4.2　同位的"限定成分+NP"结构倾向作话题

同位关系的"限定成分+NP"往往占据话题的位置。例如:

(16) 我一个笨庄稼汉,一不会耍刀,二不会弄棒,快枪连见也没见过,造啥反哩!

(17) 你一个大老爷们,屋子收拾得挺干净利索,不像一些男人,在外像个人,一回家像个臭猪。

(18) 她一个女流之辈,怎么能通开一丈宽的大堤? 你们不要破鼓乱人捶,什么坏事也往她身上推呀!

(19) 一部分贫困地区和贫困农民,甚至有些地方穷得连孩子都上不起学,我这个省委书记深感责任重大。

(20) 工厂富了,却没见你自己富,你这个厂长还有什么当头?

(21) 他这个全村出了名的大孝子,却瞪着眼吵妻子:"耽误不得,50 多名学生在等他上课。"

(22) 当年,我们这些对股票一窍不通的人,就是从这些花花绿绿的纸片开始认识股市的。

(23) 你们这些老同志,工作了一辈子,我们不会忘记你们,情况总会好起来的。

(24) 他们那些才六七岁的独生儿女,远离父母住校读书,往返乘车令人牵肠挂肚。

例(16)—(24)中,NP 的[属性]特征被激活,可及性强,使得整个指称结构具有较强的话题性。上面举的都是一些非常典型的例子,"限定成分+NP"结构充当的都是显性话题,一些处在句法结构中的同位短语其实也具有话题性,只不过是隐性的。例如:

(25) 小芹的丈夫是个读书人,也要去帮着灌气,李嫂不让,说你就别去了,哪能让你一个书生提煤气罐呢。

(26) 是您让我一个贫困失学的孩子重返校园,让我发自内心地道一声:"党啊,母亲"!

3.5 "限定成分+NP"结构的话语功能

偏正"限定成分+NP"结构和同位"限定成分+NP"结构都可以充当话题,但有差别:同位结构倾向作话题,偏正结构倾向作句法成分;即使作话题,二者的性质也不一样,话语功能也不相同。

3.5.1 话题的性质

同位关系的"限定成分+NP"结构的话题性主要是由指称结构的高可及性造成的,其话题的性质和一般的话题类型不一样。试比较:

(27) <u>我一个朋友</u>,昨天逛商场的时候丢了钱包。

(16) <u>我一个笨庄稼汉</u>,一不会耍刀,二不会弄棒,快枪连见也没见过,造啥反哩!

例(27)中的话题是有指信息,话题所在的句子具有[事件性]特征,这种[事件性]是不可推测的;例(16)中的话题是类指信息,说话人通过指称一个具有某种[属性]内涵的言谈对象开启言论的话题。通过激活 NP 拥有的社会属性并使其在一定的语境中得到凸显,"从而对这些对象加以评价或是预测指称对象在话语情境中所采取的某种行为"。(张旺熹 2010)也就是说,这种话题所在的句子具有[可推测][非事件性]特征。具体来说,例(16)中的话题是围绕"笨庄稼汉"展开的,"笨庄稼汉"具有"无知、老实、保守"等属性,是不可能造反的,言者认为听者具备这样的背景知识,而听者也能容易地从百科知识中提取这种背景知识,从而体现了"我一个笨庄稼汉"独特的话语功能,正如唐雪凝(2013)所提出的"常规关系与反预期结果"、否定评议与肯定评议等篇章特征。

张伯江(2010)指出,"一个""那个""这个"与其他限定性词语共现现象的本质,是句中定语的描写/评价性对名词个体性的要求。因此可以说,"一个""那个""这个"主要是用以标明主观评价性语义的。我们来看下面这个例句:

(17)' <u>你一个大老爷们/你一大老爷们/你个①大老爷们/你这个大老爷们/你这大老爷们</u>,屋子收拾得挺干净利索,不像一些男人,在外像个人,一回家像个臭猪。

从例(17)'可见,同位关系的"限定成分+NP"结构的主观性除了体现在言者

---

① "你个 NP"合法,"我个 NP""他个 NP"不合法,可能是韵律上"你"和"一"的合音造成的,这点是邵洪亮教授提醒笔者的,在此致谢!

和听者的主观判断上,在句法成分的选择上也表现出很强的主观性,不在规约于某个句法形式而具有同样的话语功能。

这种主观性还表现在人称代词上,下面具体讨论。

3.5.2 人称代词的话语功能

关于人称代词、指示代词、数量("一个")和 NP 的组配关系、句法属性及其表达的语用意义,也有一些学者关注,如张新华(2005)、张则顺、丁崇明(2009)、刁世兰(2010)、朱倩、李小军(2010)、张伯江(2010)、吴早生(2011)、李小军(2011)等,张伯江(2010)指出,在这种组配关系中,"人称代词总是居于另外的限定成分之前,人称代词总是负载着某种语用意义。"张的观点对我们有很大的启发。根据张伯江(2010),我们在句法上将人称代词删除,看句子发生的变化:

(28) 她记下了我的手机号,一再叮嘱我要"常联系",没事就到她那儿玩。可是,<u>我一个朝不保夕的群众演员</u>哪有心思到处串门呀!

(28)' 她记下了我的手机号,一再叮嘱我要"常联系",没事就到她那儿玩。可是,<u>一个朝不保夕的群众演员</u>哪有心思到处串门呀!

(29) 齐白石见王樾竟穿着军装,皱了皱眉,问道:"森然,<u>你一个文化人</u>,怎么也凑起热闹来了?"

(29)' 齐白石见王樾竟穿着军装,皱了皱眉,问道:"森然,<u>一个文化人</u>,怎么也凑起热闹来了?"

(30) 如今要扳倒一个贪官也不是一件容易的事,<u>他一个小工人</u>,自己要生活,老娘要赡养,如今是寄人屋檐下,不得不低头。

(30)' ?如今要扳倒一个贪官也不是一件容易的事,<u>一个小工人</u>,自己要生活,老娘要赡养,如今是寄人屋檐下,不得不低头。

(31) 来自黑龙江省肇源县的农民工于文续说:"加入工会后,<u>我这个外乡人</u>在哈尔滨找到了家的感觉。"

(32)' ?来自黑龙江省肇源县的农民工于文续说:"加入工会后,<u>这个外乡人</u>在哈尔滨找到了家的感觉。"

(33) 一听县委书记说:"到了,下车吧!"脑袋嗡地响了一下。心想,<u>你这个县委书记真要命</u>,说过这村子车开不进去,你至少也要停得远一点。

(33)' 一听县委书记说:"到了,下车吧!"脑袋嗡地响了一下。心想,<u>这个县委书记真要命</u>,说过这村子车开不进去,你至少也要停得远一点。

(34) <u>他这个全村出了名的大孝子</u>,却瞪着眼吵妻子:"耽误不得,50 多名学生在等他上课。"

(34)' <u>这个全村出了名的大孝子</u>,却瞪着眼吵妻子:"耽误不得,50 多名学生
    在等他上课。"

从上面的例句可以看出,删除前面的人称代词以后,句子基本上保持合格的状
态(虽然有的指称不够明确),这个测试表明,人称代词不是整个指称结构基本句
法语义功能的承担者,起的是语用表达的作用。也就是说,每个"人称代词+数量/
指量+NP"出现的句子,都具有某种主观情感意义。如果没有人称代词,述题部分
所表达的"谦卑、贬斥、同情"等主观色彩就不够丰满和完整。

3.5.3 区分"人称代词+作为+NP"结构

张旺熹(2010)、唐雪凝(2013)注意到"人称代词+数量/指量+NP"结构和"人
称代词+作为+NP"结构的联系,并认为它们在句法和语义上基本对等。实际上,这
两种结构在隐性语义上确实存在相似之处,二者在很多情况下是不能互换的,即使
张、唐举的例子也值得商榷。先看张文的例句:

(35) <u>我们这些没老婆的人</u>怎么办?
    *<u>我们(作为)没老婆的人</u>怎么办?

(36) <u>她一个丫头片子</u>,就没有这样的。
    *<u>她(作为)一个丫头片子</u>,就没有这样的。

张文认为"人称代词+NP"结构是隐性述谓结构,其语义表达式可写作"人称代
词(作为)NP"。分析上面的句子,转换成"作为"的句子在句法、语义和语用上都
是不太合格的句子。

再来看唐文的例子:

(37) * <u>作为我一个分管的副市长</u>,我应该怎么办? 就是落实,就是研究把政
    策落到实处,把老百姓的困难尽快地解决。

(38) * <u>作为你一个网站经营者</u>,你是不可能不知道它应该是有权利方授权之
    后,你才能够放映的。

唐文认为,这两个句子是说话人为了强调某人"作为"某种身份而出现的句法
成分重现组配的现象。但我们认为,这两个例句实际上是病句,要么是杂糅:例
(37)是"我一个分管(经济)的副市长"和"作为一个副市长"的杂糅形式,例(38)
是"一个网站经营者"和"作为一个网站经营者"的杂糅形式,要么是语序不当,人
称代词放在"作为"的前面,或者一般不出现,而是出现在述题句中。另外,"作为"

结构有其独特的来源,"作为NP,S"这种结构和英语中的"As……"句式更具有相似性,王珏(2007)指出,白话文运动和外来语的影响是"作为"的语法化重要原因,但没有解释在话题句中出现的"作为","作为NP,S"这种结构是一种欧化句式,这里主要强调"人称代词+数量/指量+NP"结构和"人称代词+作为+NP"结构不能等同对待。

3.6 小 结

文炼、胡附(1984)指出:"语序包括语法的、语义的和语用的"。而以往的研究侧重于句法语序的研究,对语用语序关注不够,本章尝试以"人称代词+数量/指量成分+指人NP"结构为例,通过描写和解释人称代词和数量/指量结构共现时的语序特点及理据,阐释"人称代词+数量/指量成分+指人NP"结构的可及性和对句法、语用语序的选择差异,探究它们之间的互动关系:

这个图式说明,语义上表有指的"限定成分+NP关系"结构往往分析为偏正关系,这种偏正结构常常做句子成分,而语义上表类指的"限定成分+NP身份"结构往往分析为同位关系,这种同位结构往往在句法、语义和语用上都不自足,常常在话题的位置出现,这在语序的选择上体现了句法、语义和语用的互动关系。制约话题解读的认知理据是指称结构的可及性差异。

"由于汉语语序的组合不仅表现在抽象的结构上,而且也体现在具体的句子上,所以,研究汉语语序不应限制在单一的句法结构内,而应从更广泛的领域去观察,唯有如此,才能发掘更多值得关注的与语序有关的语言规律。"(张谊生2013)因此,汉语中很多特殊的语序现象都可以在语用和认知上进行更深入的研究。

第四章 现代汉语可离析结构语序表达的选择性研究

现代汉语的语序的选择性不仅表现在句式上,在一些特定结构的内部也有语序变化的表现形式,这也正是语言灵活性的重要表现。语言的意义不限于语言系统内部,而是根植于人类与世界互动过程中所形成的物质经验,因此,纯语义知识和百科知识是不能截然分开的。Goldberg(2006)指出,任何语言结构,只要在形式或功能的某个方面不能从其组成部分或其他已知构式中严格预测出来,就可视为构式,即使是能够被完全预测出来的语言结构,只要有足够的表现频率,也可被视为构式。这种构式的定义从"形式与意义"的匹配延伸到"形式与功能"的匹配。(顾鸣镝 2013)本章运用构式理论,对现代汉语中可以离析变换语序的两种特殊结构(可隔开双音节动结式和表约量的数量结构)进行考察,探究其语序表达选择性的特点及理据。

4.1 构 式 理 论

4.1.1 构式语法的演变

构式语法理论兴起于 20 世纪 80 年代,大致经历了三个阶段:

(一) 从形式到认知功能的转向。Fillmore(1985)提出了框架语义学,强调以事件或整体结构为背景知识,从参与者的意向、社会文化背景、动作或状态等经验角度来分析语义成分及其结构关系。Kay & Fillmore(1999)通过对英语"WXDY"构式的形式与意义的匹配研究,开创了构式之间承继关系的描写。Lakoff(1987)借鉴格式塔心理学派的研究,认为一个构式的特征越是有理据,就越是一个完整的格式塔(完形),构式与构式之间的关系可以看作由一个原型范畴构式和若干个次范畴构式组成的辐射状的组织结构。

(二) 运用语法理论模型来解释构式之间的承继关系。Langacker(1991)提出的图式范畴理论较为详细地论述了象征单位之间的关系,为从认知角度解释构式间的承继链接提供了重要的理论基础。Goldberg(1995)指出,构式语法不仅代表了一种语法研究理念,更表现为一种语法理论模型,构式之间的承继关系的研究目的是在于发现"跨构式的系统概括"。

（三）认知语言学的语言使用观的凸显。进入 21 世纪以来，以 Goldberg 为代表的构式语法理论得到了进一步的深化，Goldberg 对构式定义的修订彰显了认知语言学的语言使用观，为此，她把自己的论元结构构式语法提升为认知构式语法，并将构式间的承继关系定义为基于功能性理据的承继网络。（顾铭镝 2013）

4.1.2　构式的内涵

构式是形式和意义的配对，即：C 是一个构式，当且仅当 C 是一个形式——意义的配对⟨Fi，Si⟩，且 C 的形式（Fi）或意义（Si）的某些方面不能从 C 的构成成分或其他先前已有的构式中得到完全的解释。Goldberg（1995）构式是形式和功能的配对。从这个调整过程就能看到构式的语义/功能是有争议的，不同研究者有不同的看法。Goldberg（2006）、严辰松（2006）认为，构式语法中的意义/功能既是语义信息，也包含焦点、话题、语体风格等语用意义。董燕萍、梁君英（2002）对 Kay（1990）"句法不仅包括句法和语义信息，也包括词汇和语用信息"这一说法进行反驳，认为 Goldberg 说的语义/功能是一种认知语义，是长时间认知积累的结果，不是纯语用义，不需要依赖语境来进行推理。张韧（2006）指出："Goldberg（1995）认为语用信息一旦规约性地与语言形式相连，就成了构式的一部分，不可能仅仅靠语用原则来预测其存在"，并持"基于使用"的语法观，认为一个语义结构是同其符号形式一道从语言使用领域进入语言认知系统的，语义和语用没有本质的区别，只是规约化的程度不同，都可以容纳在认知语法的意义观之下。语义语用其实是一个连续统，其两端能看到明显的不同，但是大部分中间地段不必区分。规约性较强的对语境依赖程度越低，就越容易被理解为构式的意义；反之，完全需要依赖语境获得的，越不容易理解为构式的语义。

4.1.3　构式的特点

构式一般具有非转换性和不可预测性的特点，但这种特点不是绝对的，随着构式语言研究的深入，学者们对这两个规则进行了修正。

4.1.3.1　非转换性

构式具有非转换性，Goldberg 非常强调各构式的独立性，不赞成通过转换来处理构式之间的某种语义联系，提倡以结构的表层为基础的概括。关于这一点，国内构式语法研究者大都持质疑态度。陆俭明（2008）在论述 Goldberg 的构式语法观的局限时指出，Goldberg 将构式孤立化，抹杀了尤其是句法层面构式之间的相关性。张韧（2006）认为，构式不是杂乱无章、零散存在的，而是构成一个网络。构式之间的相互制约及规律性特点可以非常好地统一在网络中存在的关系上。但是,对构式是以什么样的关系相联系没有给予很好的说明。

4.1.3.2　不可预测性

构式义具有不可预测性。Goldberg 在后来的论述中又补充到,如果由于高频使用,即使语义是透明的、可预测的,也是构式。王黎(2004)、陆俭明(2008)把句子分为符合人类一般规律的句子和不符合人类一般规律的句子。前者的构式义没有后者的构式义容易感知,但是不容易感知不代表否认这种构式义的存在,并进一步认为这个构式的语义是"表示事件"。这个问题看似一个研究范围的问题,实则是一个理论建构的问题。如果把这类"主—动—宾"结构看成构式,其结果就是激进构式语法。Croft(2001)的激进构式语法是因为苦于没有一套句法概念可以适于描写所有语言并基于类型学视角提出的,具有其理论意义。那么在汉语的语法研究体系中是否能够完全摈弃传统的术语概念,用构式语法对汉语进行新的系统描写呢?国内没有针对这个问题专门论述的研究。刘丹青(2008)通过对"结构可分解程度"不同的两类"连"字句的分析,认为结构易分解的结构适合采用"成分模式"的解释,越难分解的结构,其整合度越高,适合采用构式分析法,即赞同有所不为的观点。陆俭明(2008)对存在构式进行分析时,论述到存在句中的施事、受事是潜在的语义关系,存在构式凸显的是"存在处所"和"存在物"的语义关系。这一分析既突破传统的"成分模式"解释,又避免激进化的态度,即可以用传统句法分析法解决得很好的问题则没有必要采用构式分析法。张伯江(2000)认为,Goldberg 的构式语法关注的仍然是论元结构,因此,适合用来研究和人的生活密切相关的表示移动、致使、状态变化的双及物构式、"把"字句、"被"字句,而不赞同用构式理论来分析存在句和供用句。

4.1.4　构式语法在汉语研究中的应用

汉语学界关于构式语法的研究主要体现在两个方面:

一是从汉语事实出发,深入阐释和发展构式语法理论。张伯江(1999、2000、2001、2009)通过分析"把"字句、"被"字句、"存现句"关注论元结构的变化,结合构式语法与功能语法,采取从上至下的分析路子,从构式义看组成成分的各种语义语用现象,把先贤学者们的研究很好地做了统一解释。陆俭明(2004、2008、2009、2011)突破 Goldberg 关注论元结构类的限制,开始关注非论元结构,并深入研究如何服务于对外汉语教学,倾向于打破传统语法术语的限制,采用认知上更容易接受、理解、记忆的表达。施春宏(2011)在新的"构式"观念指导下重新认识面向第二语言教学的汉语构式研究的基本状况及其存在的问题,探讨了汉语构式习得、教学与研究的发展空间和基本任务。近年来,陆俭明、吴海波(2018)、张伯江(2018)等多位学者仍在进一步深入挖掘构式理论的潜质和局限性。

二是对汉语独有的多种构式进行详尽的描写和解释。刘丹青(2005)对典型构式非典型"连"字句的考察,通过这个典型到不典型的引申现象,对构式语法的研究范围、构式形成的普遍机制以及构式的跨语言特性进行了思考;吴长安(2007)对"爱咋咋地"构式的特点进行分析,并对构式形成的原因以及这类构式的表达价值进行了思考;郑娟曼(2009)对"还 NP 呢"构式的分析不仅验证了构式的完形特点,并对构式的层次性进行了探讨。吴为善、夏芳芳(2011)考察了口语中常见的表达式"A 不到哪里去",指出考察构式本身句法语义信息的同时,更要"说明构式的语境适切度",要交代表达式使用的语境以及使用的方法。近年来,以往汉语中认为是格式、结构、句式等相关问题被纳入构式框架中进行研究,如李文浩(2013),温锁林、张佳玲(2014),李晋霞、刘云(2014),张雪梅(2015),代丽丽(2016),宋作艳(2016),宗守云(2016),马淑香(2017),孟祥英(2017),邓川林(2018),王刚、陈昌来(2018),张亮(2018),李延波(2019),许娜(2019),邱莹、施春宏(2019),朱皋(2020),陈景元(2020),董正存(2020)等,这些成果充分展现了汉语构式研究的活力。

4.2　问题的提出

构式语法研究的构式可以跨越语言的各个层次,无论是词、习惯用语还是句型,都是形式和功能的结合体。词汇和句法结构在本质上是相同的,它们之间没有严格的界限,都是以某种形式表达了人类认知对现实的反映。另外,构式语法主张语言研究应当从语言的边缘部分开始,因为日常交际中使用的大部分都是这些边缘部分。习惯用法是构式语法的主要研究内容之一,习惯用法的形式和功能之间的关系是典型的规约关系。这些用法不能通过掌握的规则推导。(王海峰 2008)现代汉语中存在大量的边缘结构和习惯用法,这些现象在语序上也表现出独特的特点。如动结式中"他逗孩子笑了"也可以说成"他逗笑了孩子",但"他气哭了老师"就不能说成"*他气老师哭了",虽然在逻辑语义上这句话可分解成"他气老师,老师哭"。再如"二十多斤""八斤多"没有问题,但"*二十斤多""*八多斤"就不行,而"二百三十一斤多""八两多"又可以说。因此,从语序表达的角度来说,为什么动结式中的补语可以跑到宾语的后头使"VR+O"离析成"V+O+R","多"可以游移,使得"数+多+量"有时可离析成"数+量+多"。一个构式就是一个完整的认知图式,一个完形,整体大于部分之和,整体形式和功能不等于各组成部分的简单相加。下面从两种结构各自的构式特点出发讨论其语序选择性表达的动因和机制。

4.3　可隔开双音节动结式"V+Rv"

动结式是指由表结果的词(大多是形容词和动词)充当动词补语的粘合式述补结构,如"写完、叫醒、打破、听懂、讲累、抓紧、哭湿"等。它是现代汉语中使用频率颇高且颇具特色的一种结构形式,学界对这现象也颇为关注,其中,就动结式的某一方面或某一类进行研究的有:郭锐(1995)、袁毓林(2001)、施春宏(2006)等从配价的角度考察动结式,得出了一些较具可操作性的方法;延俊荣(2001、2002)从认知和标记论出发,对动结式"V+RV"带宾语情况进行较为深入的研究和解释;石毓智(2003)从共时和历时的角度出发,系统论述了汉语动补结构的特点、历史来源及其发展;吴为善、吴怀成(2008)、吴为善(2010)从构式的角度对动结式的相关问题作了较为全新的探讨。前贤的研究无疑有很大的意义和价值,但某些特殊的动结式还有待于深入研究。其中,可隔开双音节动结式"V+Rv"引起了我们的研究兴趣。

4.3.1　可隔开双音节动结式"V+Rv"构式界定

本节研究的是符合以下限制的动结式中"V"和"Rv"可隔开的特殊现象:

(一)动结式是由动词(不包括由形容词等转化而成的动词)充任结果补语的动结式,如"看穿、踢爆、摔伤、听懂、打死、赶走"等,而像"哭红、哭湿、走累、洗净、砍钝"等不在本节考察范围之列;

(二)动结式"V+Rv"中前后均为单音节动词,诸如"打趴下、踢散架、唱走调儿、玩过火儿、弄颠倒"之类的动结式不是本节考察的对象;

(三)Rv不包括趋向动词(如"上、下、进、出、回、过、起、到、来、去"等)以及词汇意义已经虚化了的动词(如"完、动、了、着、住、成、见、掉"等);

(四)"V+Rv"后可接宾语,因此,"跌倒"类的动结式不在本节的考察范围内。

4.3.2　可隔开双音节动结式"V+Rv"构式的特点

现代汉语中的动结式情况比较复杂,我们先看下面几组含有"V+Rv"的句子:

A.(1)爷爷点亮了灯。

　　(2)阿红跑丢了鞋。

　　(3)李丽砸碎了玻璃。

（4）红军吹响了号角。

（5）小明摔伤了胳膊。

B.（1）我学会了那首歌儿。

（2）我听懂了他的话。

（3）祥子跑忘了一切。

（4）他赌赢了那场比赛。

（5）杀手吊死了那个商人。

C.（1）他气哭了老师。

（2）地主婆饿死了两个孩子。

（3）黑心店主迷昏了客人。

（4）李四吓死了王二。

D.（1）刺客刺伤了贵妃。

（2）他打败了敌人。

（3）阿里巴巴杀死了四十大盗。

（4）李想逼疯了刘芸。

E.（1）我赶走了他。

（2）马季逗笑了观众。

（3）妈妈哄睡了宝宝。

（4）姐姐劝走了妹妹。

（5）你逼死了她。

以上这几组句子的谓语部分都是"V+Rv+O"，仔细观察可以发现，有的句子中 Rv 和 O 的位置可以互换，即"V+Rv+O"可变换式为"V+O+Rv"，也就是说，在句法操作上，V 和 Rv 是可以隔开的，而以往的研究更多地关注语义指向的不确定性。具体看下面的变换情况：

A.（1）爷爷点亮了灯。→*爷爷点灯亮了。

（2）阿红跑丢了鞋。→*阿红跑鞋丢了。

（3）李丽砸碎了玻璃。→*李丽砸玻璃碎了。

（4）红军吹响了号角。→*红军吹号角响了。

（5）小明摔伤了胳膊。→*小明摔胳膊伤了。

B.（1）我学会了那首歌儿。→*我学那首歌儿会了。

（2）我听懂了他的话。→*我听他的话懂了。

（3）祥子跑忘了一切。→*祥子跑一切忘了。

（4）他赌赢了那场比赛。→?他赌那场比赛赢了。

（5）杀手吊死了那个商人。→*杀手吊那个商人死了。

C.（1）他气哭了老师。→*他气老师哭了。

（2）地主婆饿死了两个孩子。→*地主婆饿两个孩子死了。

（3）黑心店主迷昏了客人。→*黑心店主迷客人昏了。

（4）李四吓死了王二。→*李四吓王二死了。

D.（1）刺客刺伤了贵妃。→*刺客刺贵妃伤了。

（2）他打败了敌人。→*他打敌人败了。

（3）阿里巴巴杀死了四十大盗。→*阿里巴巴杀四十大盗死了。

（4）李想逼疯了刘芸。→*李想逼刘芸疯了。

E.（1）我赶走了他。→我赶他走了。

（2）马季逗笑了观众。→马季逗观众笑了。

（3）妈妈哄睡了宝宝。→妈妈哄宝宝睡了。

（4）姐姐劝走了妹妹。→姐姐劝妹妹走了。

（5）你逼死了她。→你逼她死了。

从上面的变换情况来看,只有 E 组句子可以进行"V+Rv+O"→"V+O +Rv"这种变换。肖贤彬(2005)认为 E 组句子变换式右边的"V+O+Rv"是动补结构隔开式的历时遗存。我们认为,E 组这种双音节"V+Rv"之所以能被分隔,是由其内部各构件的特点所决定的,其中的 V、Rv、V 与 Rv 之间的关系及宾语 O 的性质都不同于 A、B、C、D 四组句子,下面具体讨论分析。

4.3.2.1　构件"O"的特点

首先考虑 O 的性质有助于我们更快更简便地离析出 A、B、C、D 四组"V+Rv"结构不能隔开的原因。

不难发现,E 组中的 O 都具有[+人类]和[+受事]的语义特征,同时应该注意到,O 是整个"V+Rv"的受事,而在底层结构中 O 既是 V 的受事宾语又是 Rv 的施事主语,也即主体异指、客主同指(你逼死了她:你逼她,她死了)。由此,根据 O 有无[+人类]这一语义特征,可以把 A、B 两组排除在可隔开双音节动结式"V+Rv"之外;根据 O 的[+受事]这一语义特征,可把 C 组排除在可隔开双音节动结式"V+Rv"之外;D 组中的 O 与 E 组中的 O 从语义特征上较难区分,此处暂且不论。

4.3.2.2　构件"V"的特点

能进入"V+Rv"中的 V 既可以是自主动词,也可以是非自主动词,如自主动词"学、听、打、赶、杀"和非自主动词"气、饿、吓、吊"。但是能进入可隔开双音节动结式"V+RV"中的 V 只能是自主动词,也即具有[+自主]的语义特征,如 E 中的"赶、哄、劝、逗、逼"等。我们发现 C 组中的 V 全部是非自主动词,这也是 C 组中的"V+Rv"不可隔开的原因之一。

进入"V+Rv"中的 V 可以是自动词(学、听、跑、气、打),也可以是他动词(杀、刺、哄、赶、逗),但是能进入可隔开双音节动结式"V+Rv"中的 V 只能是他动词,也就是具有[+他动]的语义特征。E 组中的 V 都具有这种特征,这样才能保证 V 可直接支配句中的宾语 O。

当本身不具有"致使"义的 V 在进入"V+Rv"后也被赋予了"致使"义,这时含有"V+Rv"的句子中自然形成了致使者、被使者、致使力、致使结果,其中,V 所表示的动作成为一种致使力,致使力通过致使者传递至被使者产生致使结果。很显然,A、B、C、D、E 中的 V 都具有这一功能,仔细推敲就会发现,E 中的 V 有别于其他组,这一不同点就是 E 中的 V 具有[+引导性]这一语义特征,这种引导可以是正面的(哄睡),也可以是负面的(逼死)。正是由于 V 的这种[+引导性]使得这一致使力在传递过程中有着明显的过程性,V 并不能单独确保结果的实现,它的致使力表现在它要引导被致使者执行某种动作或发生某种心理上的变化,然后才能出现最终的结果,这也就使得 O 有机会进入到 V 与 RV 之间。如 E 组中的"(1)我赶走了他","赶"这一致使力作用于"他",只有在"他"做出有关"走"的动作之后才会达到最后结果"走了","赶"引导了"走"这一动作;又 E 组中的"(2)马季逗笑了观众","逗"这一致使力作用于"观众","观众"在心理上发生某种变化后才"笑";再如 E 组中的"(5)你逼死了她","逼"这一致使力作用于"她","她"被逼后选择的死的方式不定,这就需要她完成一系列的动作才导致"死"这一结果的产生。而像 D 组中的"(3)阿里巴巴杀死了四十大盗","杀"这一致使力传递完毕,"杀"这一结果便产生了,"杀"不会引导"四十大盗"为"死"这一结果做什么,它不具有[+引导性]。

由此看来,可隔开"V+RV"中 V 必须兼有[+自主]、[+他动]、[+引导性]的语义特征。

4.3.2.3　构件 Rv 的特点

"V+Rv"中的 Rv 必须是自动词,可隔开"V+Rv"中的 Rv 无异,也必须具有[+自动]这一语义特征。

含有"V+Rv"的句子其底层结构是由两个小句组成的。例如:

D. (1) 刺客刺伤了贵妃。→刺客刺贵妃,贵妃伤了。

D. (3) 阿里巴巴杀死了四十大盗。→阿里巴巴杀四十大盗,四十大盗死了。

D.（4）李想逼疯了刘芸。→李想逼刘芸，刘芸疯了。

E.（1）我赶走了他。→我赶他，他走了。

E.（3）妈妈哄睡了宝宝。→妈妈哄宝宝，宝宝睡了。

E.（5）你逼死了她。→你逼她，她死了。

若单从原句表面看，似乎 D、E 两组中的 Rv 都是非自主性的，即使像"走、睡"这样的自主动词也由于受结构的影响成为表变化的非自主动词了，因为"能充任结果补语的动词不能是表有意识或有心的自主动词，而只能是表变化的非自主动词。"（陈巧云 2000）但当我们观察过各句子的底层两个小句之后，再结合上文中所分析的 V 具有[+引导]的语义特征，我们认为 E 中的 Rv 不同于 D 组中的 Rv，E 中的 Rv 带有一定的自主性，其表现是：

原来不具有自主性的 Rv 由于受结构的影响（尤其是受 V 的影响）而带有一定的自主性，如"死"，当它充当 E 中的 Rv 时，这种"死"是被迫后发生的一种自主情况，因此有了一定的自主性；原来是自主动词的 Rv 由于受结构的影响而使其自主性减弱了，它是由 V 所引导的，但仍有一定的自主性，如"走、睡、笑"这些动作虽是被其他动作所引发的，但发出者（被使者）对其仍有一定的控制力。这里我们将 E 中 Rv 的这种自主性定为[+相对自主性]，因为自主/非自主是一个连续统，自主与非自主处在这个连续统的两端，也就允许[+相对自主性]这样的中间状态的存在。

由此也可以知道为什么 V 同样是"逼"，E（5）中的"V+Rv"是可隔开的，而 D（4）中的"V+Rv"却不可以，这是因为 D（4）中的 Rv"疯"不具有[+相对自主性]的语义特征。

所以，可隔开的"V+Rv"中的 Rv 应兼具[+自动]、[+相对自主性]的特征。

4.3.3 可隔开式"V+Rv"中 V 与 Rv 的关系

可隔开"V+Rv"作为动结式的一个次类，自然要符合一般动结式中 V 与 Rv 之间的关系，即充当结果补语的动词就具有与述语动词相一致的语义特征。如 E 中的"赶"，其词义为"驱逐"，而"走"具有[+离开]的语义特征，与"赶"的语义相一致；"逗"的词义是"引逗、逗乐"，很显然，"笑"与其存在相一致的语义特征。能进入到"V+Rv"中的 V 与 Rv 在语义上总是相关的。

虽然如此，但就 V 与 Rv 之间关系的紧密度而言，可隔开的"V+Rv"要低于一般的"V+Rv"。这也是与 V 的[+引导性]分不开的，在 V 作用力完成后 Rv 产生前还存在某一隐性的动作或心理变化，这就使 V 对其后的部分的控制力要相对弱一点，致使结果的产生需要被致使者的配合。

4.3.4　"V+Rv"隔开前后的语用差异

隔开前后"V+Rv+O"和"V+O+Rv"虽然在语义上基本保持一致,但在语用上存在一定的差别,祈使句中的表现尤为明显:

F. 赶走他!　　　　　　　　　G. 赶他走!

　哄睡他!　　　　　　　　　　哄他睡!

　逗笑他!　　　　　　　　　　逗他笑!

F 组句子的命令性强,倾向于要求结果一定要实现,而 G 组句子的命令性要弱于 F 组,含有一种尝试性命令的味道,虽然也倾向于结果的实现,但是对于结果实现没有强制性要求。

我们还可以用"一定要"①"吧"来验证。先来看加上"一定要"的情况:

F. 赶走他! →? 一定要赶走他!　　　G. 赶他走! →一定要赶他走!

　哄睡他! →? 一定要哄睡他!　　　　哄他睡! →一定要哄他睡!

　逗笑他! →? 一定要逗笑他!　　　　逗他笑! →一定要逗他笑!

加上"一定要"以后,F 组比 G 组更强调结果的实现。这也体现在语气表达上,我们再来看句子后面加上"吧"的情况:

F. 赶走他! →? 赶走他吧!　　　　G. 赶他走! →赶他走吧!

　哄睡他! →? 哄睡他吧!　　　　　哄他睡! →哄他睡吧!

　逗笑他! →? 逗笑他吧!　　　　　逗他笑! →逗他笑吧!

两组中加上"吧"之后的可接受度是不一样的,G 组句子更易加"吧",表示一种商量的语气,而 F 组中加上"吧"之后就不那么自然,因为 F 组强调结果实现,和表示委婉语气的"吧"在功能上相矛盾。

4.3.5　类似的两种可隔开的"V+Rv"

有两种"V+Rv"在形式上与可隔开的"V+Rv"很相似:

一种是"V+Rv"隔开后意义有变。例如:

a. 我叫醒他。→b. 我叫他醒。

但是 a 中的"叫"和"醒"都是实义动词,全句的意思可分析为:我叫他,他醒;而 b 中的"叫"是一个本身便具有"致使"义的动词,相当于"让"。因此,a、b 的意

---

① 这一点是金立鑫教授提醒笔者的,在此致谢!

思是完全不同的,不能视为可隔开的"V+Rv"。

另一种是主体同指的类似可隔开的"V+Rv"结构。例如:

c. 我抱走他。→d. 我抱他走。

c、d 的底层结构都是:我抱他,我走。所以,是主体同指,客主异指的句子,这不符合在本书 4.3 中的分析。这里的"抱"和"走"并列性很强,也不能视为可隔开的"V+Rv"。

通过上面的分析我们发现,现代汉语可隔开的双音节"V+Rv"有异于其他动结式,其中,V 兼具[+自主]、[+他动]、[+引导性]的语义特征;Rv 兼具[+自动]、[+相对自主性]的语义特征;O 具有[+人类]和[+受事]的语义特征。隔开前后的"V+Rv"的意义也不相同。有学者将隔开后的"V+Rv"看作一种兼语式,这也未尝不可,但需要指出的是,这一类由"V+Rv"转变而来的兼语式具有很强的结果性,在无特殊语境下"Rv"这一结果是已经实现了的,而一般的兼语式并不一定强调结果的实现。

4.4　"N+多+M"和"N+M+多"

现代汉语中的"多"有多种用法,其中之一是与数量结构搭配表约量。一般来讲,数词表示数目的多少,就其基础部分来说可分为系数(一、二、三、四、五、六、七、八、九)和位数(个、十、百、千、万、亿),两者可以组成复合数词。十位或其以上(不包括复合的位数,如十万、百万……)的整位数词或者说除"零"之外个位数为零的数词(二十、一百、三千、三百六十……),这时要与"多"配合表约量的话,一般只能构成"N(数)+多+M(量)"(以下记为"N+多+M")的形式;数词不是整位数而是由单个的系数构成(一、二、三……)或是带有个位尾数(十一、二百三十四……),这时要与"多"配合表约量的话,一般只能构成"N(数)+M(量)+多"(以下记为"N+M+多")的形式。一般情况下,我们只说"二十多斤""八斤多",而不说"二十斤多""八多斤"。我们来看留学生作文中的几个病句:

(1)＊我的国家在印尼,我家在雅加达,整个城市的面积仅仅为 740 平方公里,人口也只有一千万多。

(2)＊我已经汉语学习一年了,学习的单词是 800 个多。

(3)＊我们都非常喜欢中国菜,昨天朋友一起跟服务员点了十个菜多。

由此可见,"N+多+M"和"N+M+多"有哪些异同? 多的性质和位置如何? 值得深入研究。

4.4.1 "多"的性质

《现代汉语八百词》将这个"多"定义为数词,"用在数量词后,表示不确定的零数";《现代汉语虚词例释》将其视为助词,"用在数量词后,表示有零头";李宇明(1993)认为,虽然像"多"这样表约量的词语不一定具有数词的全部用法,但是总体上看都具有数词或数词成分的性质,因此,"多"应属于数词的一个分支或附类。另外,冯雪梅(2000),赵变亲(2003)也都认为"多"表约量意义时应看作数词①。

"多"表约量、表零数,这使它具有了"数"的意义,而且"多"在位置的分布上与数词有相似之处,例如,在数量结构中,"多"可占据一个系数或一个系位构造的位置,此时,它位于位数之后表约量。需要注意的是,"多"只能出现在一个数量结构中数词部分的个位尾数位置(如"二十三斤"中的"三"的位置)或倒数第一个系位构造的位置(如"六千二百三十斤"中的"三十"的位置)上,但是决不能出现在数词部分的头数或中间的某个位置上,如在"三千一百五十八米"这一数量结构中,"多"只能占据系数"八"的位置而不能出现在其他系数或系位构造的位置上。这也与"多"表约量义有关,因为人们在表达不确定的数量时,总是对某个数量结构中相对最小的数做出模糊性的描述,而数词的最后一个系数或系位构造恰恰表示的是相对最小的数。所以,我们可以将"多"进一步看成是数词的一个次类,它具有数词的一部分功能,而且"多"的这种功能只在数量结构表达中呈现,可以姑且称其为"准数词"。

4.4.2 "N+多+M"和"N+M+多"对"N"的选择

上文提到,"多"表示约量时只能出现在"小量"的位置上(这个"小量"取决于说话人表达的需要,这种需要是建立在一种共识基础上的)。

4.4.2.1 "N+多+M"对"N"的选择

能在"N+多+M"中出现的数词为十位或其以上的整位数,我们发现,整个结构所表示的约量是受"多"之前的位数统辖的,其所表示的约量被限制在结构中出现的末尾位数以内,且取这个位数的最小值(若位数为百,其最小值是一百;若位数为万,其最小值是一万……)为整个结构的数量范围。例如:

> 三十多次:三十次到四十次之间
> 二千二百多本:二千二百本到二千三百本之间

---

① 若无特殊说明,本书所说的数词都指复合数词。

4.4.2.2 "N+多+M"对"N"的选择

能在"N + 多+ M"中出现的数词是由单个系数构成的或是带有个位尾数的数词,整个结构所表示的约量被限制在"一"以内,这是由于受此结构中数词末尾的系数所统辖。例如:

八两多:八两到九两之间

三百二十一尺多:三百二十一尺到三百二十二尺之间

4.4.2.3 "多"在不同位置上的原因

"N+多+M"和"N+M+多"中"多"的不同分布主要是由"多"的这种准数词性造成的。以我们头脑中固化的数量形式为标准,我们会说"十三个、二十六枚、八十七个、三百二十天"……当确定了这些数量结构中的一个十位数(或十位以上的位数)及其前面的数值,而其后的数值不确定时,如确定了"十""二十""八十""三百"后,而其后的"三""六""七""二十"等数值是不确定的时候,这就需要一个可以表示数量不确定的词填充在已确定的位数后面表约量,"多"便充任了这一角色。未确定的数值在已确定的位数和量词之间形成一个空位由"多"来填补,于是,在这种情况下表示约量的说法只能是"N+多+M",如"十多个、二十多枚、八十多个、三百多天"。

同样,以我们头脑中固化的数量形式为标准,可以说"一米二、二十三元二角、三十六斤六两"。当我们要表达的约量的数量范围小于"一",也即以一个数量结构中数词部分的个位数为基准来表示一个不确定的数量时,由于"多"表约量时所能占据的数词末尾的部分现在出现了一个作为基准的系数,因此,它只能后移至量词的后面,于是,在这种情况下表示约量的说法只能是"N+M+多",如"一米多、三十六斤多"。我们发现,"多"的这种位置也是同"一米二"中的"二""三十六斤六两"中的"六两"这些量词后面的零数的位置相对应的。

另外,从上文的分析中我们知道,"多"表约量时所代替的是某些系数或系位构造,而汉语数词中不允许出现"二三""十六九"这样两个系数相连的形式,这也是"多"要后移至量词后面的原因,由此便造成了"多"在"N+多+M"和"N+M+多"中的不同分布。

这样看来,"多"在形式上具有数词的某些特点,"多"可以出现在一个数量结构中数词部分的个位尾数位置[二十( )斤]或倒数第一个系位构造的位置[如六千二百( )( )斤]上,还可以出现在精确到个位的某数量结构的下级数量结构的位置上[三斤( )( )],同样在意义上表示一个有一定数量范围的约量。

4.4.2.4 "多"在不同位置上的功能分野和表达互补

通过上面的分析,我们发现,"N+多+M"和"N+M+多"二者既对立又互补,如表4.1所示。

表 4.1 "N+多+M"和"N+M+多"的关系

N	N+多+M	N+M+多
十以上的整数	十多个 三十多次 五千二百多本	*十个多 *三十次多 *五千二百本多
十以下的整数 非整数	*三多斤 *三十二多米 *三千二百四十五多米	三斤多 三十二米多 三千二百四十五米多

以上只是从 N 的角度出发发现了二者的异同,下面讨论这种表达和"M"的选择关系。

4.4.3 "N+多+M"和"N +M+多"对"M"的选择

量词基本上都能进入"N+多+M"而没有类别的要求。"二十多升、五百多根、七千多双、三十多盆、六十多捆、七十多下、十多枪"都是正确的说法。

但是进入"N+M+多"的量词则要受到一些限制。看下面几组数量结构:

A. 三吨多　　　五打多　　　六桶多　　　十一亩多　　　二十六尺多

B. *八架多　　*六座多　　*五趟多　　*十一艘多　　*十一头多

其中,A 组是正确的,B 组是不正确的。

量词进入"N+多+M"和"N+M+多"时所受到的限制的差异跟它们各自所表示的数量范围分不开。

有些量词在与数词组合表示一定的数量时,要求数词不能小于"一"整数,如"艘、座、趟、次、回、下、遍"等。它们表示的最低数量是"一艘、一座、一趟、一次、一回、一下、一遍"等,在无特殊的语用条件下,其数量不能小于"一"。

有些量词在与数词组合时允许数词小于"一",如"升、吨、斤、尺"等,它们可以与"半"等小于"一"的数组合。

根据上面的分析我们可知,"N+多+M"中的约量所表示的数量由于受十位以上的位数的统辖,其范围包括这一位数最小值内的所有数值(包括整数和小数),因此,各类量词在进入"N+多+M"后可以各取所需,使结构得以成立。"N+M+多"

中的约量所表示的数量由于受个位系数的统辖,其范围只能是"一"以内的数值,因此,有些量词便不能进入该结构。

动量词是表示动作行为的单位,一次动作完成一个"量",所以,动量词只能与整数组合,不能进入"N +M+多"。

名量词在"N +M+多"中的出现情况则要复杂一些。据考察,具有以下特征的名量词可以进入"N+M+多":[+规格(量)相对确定]、[+拆分性],这两个特征是一个统一体。度量衡量词如"斤、元、升、平方米"等,它们所表示的量是确定的而且又都分别有下位量词"两、角、毫升、平方厘米"等,因此也就具有了[+拆分性],它们是最具资格进入"N +M+多"的量词。用在时间词前的"个",由于表示时间而具备了[+规格(量)相对确定]、[+拆分性]的特征,因此可以进入"N +M+多"。其余的名量词则先要看其是否具有[+规格(量)相对确定]的特征,再看其是否具有[+拆分性]的特征,两者兼具才能进入"N +M+多"。例如,"三张稿纸""三件衣服"中的"张"和"件"具备[+规格(量)相对确定]的特征,在无特殊语境下,我们可以说"半张纸",但却不说"半件衣服",所以,"张"具备[+拆分性]的特征。因此,"三张多稿纸"在语用表达中可以说,但"三件多的衣服"不可以说。

我们对下列除典型性(非借用容器名词等)度量衡量词外的152 个名量词作了考察:

> 根、条、管、株、棵、杆、枝、挺、炷、面、片、块、锭、头、尾、口、眼、颗、粒、点、滴、丸、峰、朵、瓣、孔、角、顶、幢、栋、间、座、线、缕、台、架、只、匹、辆、艘、方、圆、轮、扇、领、墩、堵、张、层、版、本、部、轴、记、茬、道、股、双、对、副、套、群、帮、伙、班、组、行、列、支、批、份、剂、簇、打、绺、汪、编、篇、章、节、段、句、则、期、出、曲、位、员、名、种、类、流、件、桩、具、味、料、宗、门、路、档、品、级、项、样、号、页、杯、盘、碗、盏、盅、碟、盆、盒、瓢、篮、瓶、锅、罐、坛、缸、桶、筒、袋、箱、柜、篓、箩、窖、房、车、窝、把、捧、捆、包、封、束、笔、兜、围、担、挑、串、挂、铺、摊、堆、服、贴、发

其中,只有44 个名量词可以在无特殊语用的条件下进入"N +M+多",它们是:

> 块、张、本、股、双、对、副、套、份、打、杯、盘、碗、盏、盅、碟、盆、盒、瓢、篮、瓶、锅、罐、坛、缸、桶、筒、袋、箱、柜、篓、箩、窖、房、车、窝、把、捧、捆、包、兜、发、担、挑

4.4.4 "N+多+M"和"N +M+多"后接名词时"的"的隐现

"N+多+M"和"N +M+多"都可以直接后接名词,如"六百多名学生、三百多位家长、十多趟北京、一百多斤大米、三十多吨水、八斤多猪肉、六个多星期、三碗多米

饭、八箱多行李。"

　　仅当"N+多+M"中的量词为典型性度量衡量词时,量词和名词之间可以加"的",如"一百多斤的大米、三十多吨的水"。

　　"N +M+多"中的"多"与名词间可以加"的",如"八斤多的猪肉、三碗多的米饭"。

　　但当"N +M+多"中的量词不具有度量衡量词的性质时,"多"与名词间一般不可以加"的",如" *六个多的星期 、*八套多的行李"。

4.4.5　一个特殊的位数"十"

　　《现代汉语八百词》指出,数词是"十",量词是度量词时,"多"在量词前或后,意思有很大不同。

> 十多亩地(=十几亩地)
> 十亩多地(超过十亩,但不到十一亩)

　　只有"十"这个位数可以同时出现在"N+多+M"和"N+M+多"中,这与人们在表达确定数量时的习惯有关,这也印证了上面的论述以"十"为分界线是正确的。

　　表约量的"多"与数量结构配合形成了"N+多+M"和"N +M+多",通过分析,我们认为"多"在这里应看作数词的一个次类,它表示一个零数,只能占据一个数量结构中数词部分的个位尾数位置、倒数第一个系位构造的位置或者出现在整个数量结构之后,这取决于其中数词的构造。"N+多+M"表示的约量范围限制在"多"前面的位数的最值内;"N+M+多"表示的约量范围在"一"以内。通过对"多"的准数词性的确定说明了之所以形成"N+多+M"和"N+M+多"的原因,而且出现在"N+M+多"中的量词要具有[+规格(量)相对确定]、[+拆分性]的特征。"N+多+M"和"N +M+多"后接名词的情况与数量结构表确定数量时后接名词的情况相对应。

　　从上面的分析来看,在教学中可如下讲解:

　　(1)先讲"N"的条件和限制,这是一条总的原则,学生掌握之后基本上可以区别开两种表达方式。

　　(2)讲解两种表达方式对量词的要求,"N+多+M"对量词是没有要求的(无标记),重点讲解"N +M+多"的限制条件和原因,以便学生在使用中举一反三。

　　(3)当两种结构修饰名词时,区分"M"是否属于度量词是关键,如果"M"是度量词,中间可以加"的",并且"十"在两种表达中都是合格的,但语义上有差别。详见表4.2。

表 4.2　"N+多+M"和"N+M+多"的区别和使用条件

	N		M	修饰名词时"的"隐现
N+多+M	十以上的整数	十	无标记	M 度量词
N+M+多	十（＊）	十以下的整数 非整数	a. ［+拆分性］ b. 特殊名量词＊	M 度量词

＊块、张、本、股、双、对、副、套、份、打、杯、盘、碗、盏、盅、碟、盆、盒、瓢、篮、瓶、锅、罐、坛、缸、桶、筒、袋、箱、柜、
篓、箩、窖、房、车、窝、把、捧、捆、包、兜、发、担、挑

4.5　小　　结

　　语言中的构式是一个有内在统一规律的完整体系。构式与构式之间存在着密切的联系，某些构式的共同特点构成了这一特定的共性特征，这些共性本身也是一个构式，该构式的特征通过遗传承继关系传给更加具体的构式。这是我们将上述讨论动结式和数量结构看成构式的基础。但同时要注意两个问题：（一）构式是不是绝对转换的，否则，汉语中就会出现无穷无尽的构式，正如陆俭明（2008）所说，将构式孤立化，抹杀了尤其是句法层面构式之间的相关性。以上研究在从构式出发的同时，又注意了构式之间的转换关系，而这种转换不是任意的，是由语言在功能上的分工而形成的。（二）汉语语序的灵活性也可以表现在构式中，语序的变化和构式之间形成一种互动关系，体现了语言表达可以在语法规则和主观调控下进行选择。

第五章　现代汉语焦点游移的
选择性研究

　　语言表达要遵守时间顺序、空间顺序等认知规则来安排语序,这是一种理想化的认知模型,但人类的思维是复杂多变的,语言是人类最重要的思维工具,思维的复杂性在线性的语言符号的排列中未必都能得到体现,因此,在遵守语法规则的前提下,语言通常会采用标记、话题化等手段来达到调整语序的目的,从而表达说话人特殊的语用意图和主观情感。另外,在语言表达中,除了显性的语言符号的顺序调整以外,人们往往采用重音、强调标记的方式调整语序表达,重音往往在语音传递的时候才能感受,而在书面的表达中,线性排列的语言符号会通过强调标记突破语法规则中常规的语义重心而得到强调,也就是句子焦点的变化。焦点的表达是在语法允许的条件下,为了更加有效地传递信息而作的语言信息包装。(祁峰2012)本章基于焦点理论,以“是”字句的相关问题为出发点,对现代汉语语义层面语序表达的选择性进行考察,探究其认知动因和理据。

5.1　焦　点　理　论

　　“焦点(focus)是音系学、句法学、语义学、话语分析等语言学各个学科共同感兴趣的问题,也是形式语言学、功能语言学等语言学各个学派共同感兴趣的问题。”(徐烈炯 2001)由于各家的学术背景各不相同,对焦点的认识也有所不同。

5.1.1　功能和形式学派对焦点的研究[①]

　　Halliday(1967)用“focus”来指称句子中韵律突显的部分,并把焦点和信息联系在一起进行讨论,认为焦点就是新信息(new information)。焦点的语用特性一直被功能认知学家关注,认为焦点与话题(topic)是相互对立的概念,“话题—焦点”结构代表了“旧信息—新信息”的传递的规律。(祁峰 2012)以乔姆斯基为首的形式派在 20 世纪 70 年代也开始关注焦点问题,Chomsky(1971、1976)和 Jackendoff(1972)在“预设—焦点”这一框架下给焦点下定义。Jackendoff(1972)认为焦点是

---

①　祁峰(2012)对国内外焦点的研究情况做了比较详细的梳理,本章根据需要借鉴和补充。

"说话人预设听话人不知道的信息";Rochment(1986)认为句子的焦点就是"句子
当中与给定话语语境中新信息相当的那一部分";而 Cinque（1993）认为常规焦点
位置是递归方向内嵌最深的位置;Lambrecht（1994）则指出焦点是将断言
（assertion）与预设（presupposition）区分开的"语义成分"。虽然这里也谈到了新旧
信息,但这里的预设与功能学派的话题是不同层次的概念。

Rochment（1986）将焦点分为介引焦点（presentational focus）和对比焦点
（contrastive focus）,前者是指由新信息充当的焦点,即语义焦点或信息焦点;后者
既有介引性,又有对比性。

Lambrecht（1994）从焦点所实现的句法单位的大小给焦点分类,先分为窄焦点
（narrow focus）和宽焦点（broad focus）。窄焦点是指句子中的某一个单一的成分做
焦点,是用来确定一个所指对象的,即论元焦点。宽焦点又分为句焦点（sentence
focus）和谓语焦点（predicate focus）。句焦点是指整个句子都用来表达焦点,用来
报道事件或引进新的话语所指对象;谓语焦点是指句子的谓语部分用来表达焦点,
是用来评论话题的。

Gundel（1999）从焦点的功能角度区分了三种类型:心理焦点（psychological
focus）、语义焦点（semantic focus）和对比焦点（contrastive focus）。心理焦点是指听
说双方目前注意力的集中点。一般情况下,心理焦点相当于话题这一语用概念。
Gundel 还认为,焦点的这三种意义既不等同（equivalent）也不互相对立
（antithetical）。某个成分可以只是心理焦点、语义焦点或对比焦点中的一种而不是
其他两种,也就是说,某个成分是纯心理焦点、语义焦点或对比焦点。但是三者又
不是彼此对立的。

由于研究的出发点和研究的目的各不相同,特别是针对不同的语言和研究对
象,学者们所得出的结论就会不同,但有一点是肯定的,焦点是非常复杂的,可以从
不同的侧面进行界定。

5.1.2　汉语学界对焦点的研究

焦点理论自 20 世纪 80 年代起逐渐成为国内语法学界研究的一个热点问题,
但由于理论背景及对汉语事实的理解不同,对焦点的研究和解读也各有不同。

5.1.2.1　从句法层面分析焦点

在句法结构中,大多数学者认为焦点可以分为自然焦点和对比焦点,刘丹青、
徐烈炯（1998）认为,以小句内部其他成分为背景时,焦点的性质可以描述为"突
出"（prominent）,以小句外的内容为背景时,焦点的性质可以描写为"对比"
（contrastive）。张黎（1987）把表现焦点的最主要形式标志——重音分为自然重音

和强调重音,即正常语调下的句子自然重音所在就是句子语义重心,而强调重音所在的单位是句子的语义重心,从而奠定了焦点分类的基础。方经民(1994)认为焦点通常是由全句的语调核心显示。在正常语调里,全句的语调核心落在句尾,因此,信息结构的焦点也在句尾;而对比重音可以突出或改变语调核心,有对比重音的部分便成了全句的对比焦点。方梅(1995)遵循焦点与预设的对应,认为如果句子的预设是"有 X",整个句子要说明这个 X,这时焦点成分是呈现性的,属于常规焦点。如果说话人预设听话人认为某事是 A,而实际应该是 B,说话人说出这个句子的目的是指别,"是 A 而非 B",这时句子的焦点成分是对比性的,属于对比焦点。刘丹青、徐烈炯(1998)还提出了话题焦点的概念,即话题焦点是以句外的某个话语成分或认知成分为背景,在本句中得到突出,而不能以本句中其他成分为背景。徐杰(2001)认为,焦点在性质上只有一类,那就是讲话人基于自己的判断,认为它相对重要并决定通过语法手段强调的成分。不同的焦点只有因受强调的强弱不同而有强弱的差别和程度的高低,而没有根本性质的类型对立。信息的新旧、背景呈现的不同方式都难以造成语法焦点的类型对立。朱斌伍、依兰(2012)指出,小句联结按照层次和关系形成特定的句联格式,从而诱发"否则"的焦点投射,"因为"和"否则"相继出现形成"因为 p,否则 q"句联形式,这个形式在层次切分上并不单一,不同层次的切分形成不同的句法语义格局,"否则"的焦点投射域随之发生变化。

5.1.2.2　从语用层面分析焦点

范开泰(1985)认为,说话人在选定话题以后,还可以自由地决定交际内容的重点,而心理重音可以表达交际内容的重点,这里所说的心理重音包括赵元任所说的对比重音(逻辑重音)和感情重音。心理重音表示交际上的兴趣中心,语用上称为焦点(focus)。张黎(1987)认为焦点是说话人所要传达的信息重点,也是听话人接收的新信息(new information)中的重点信息。徐杰、李英哲(1993)认为焦点是句子中某语法单位的一种功能属性,它是说话者所强调的重点。方梅(1995)认为一个句子的焦点是句子语义的重心所在。范开泰、张亚军(2000)认为,句子从信息结构角度看,可以分为旧信息与新信息,新信息的重点通常称为焦点。焦点是个语用概念,是说话人最想让听话人注意的部分。徐烈炯、刘丹青(1998)认为焦点在本质上是一个话语功能的概念,它是说话人最想让听话人注意的部分。刘丹青(2008)从"强调"(emphasis)这一角度来看焦点,他指出,强调是说话人的一种信息处理方式,就是用某种语言手段(如形态、虚词、语序、韵律等)对某一语言片段加以突出,以使听话人特别注意到这部分信息。被强调的语言片段,大都可归入语言学中所说的焦点。王韫佳、东孝拓、丁多永(2016)使用声学分析的方法观察了普通话语调中焦点音高和句末音高的稳定性。在实验句中,焦点被分别置于句首、句中和句末

位置,对各种位置上焦点音节的音高以及焦点词调域进行了对比。赵永刚(2019)
从音系—句法接口来研究焦点和话题结构,可以为信息的语义突显以及表达提供
新的解释,也印证了语言的信息交际功能离不开音系和句法的计算过程。

5.1.2.3 从标记的角度来分析焦点

有些汉语学者主要运用标记理论对焦点进行分类,根据焦点出现的位置,焦点
可以分为无标记焦点(unmarked focus)和有标记焦点(marked focus)。无标记焦点
的位置比较固定,总在述题结束的地方;有标记焦点的位置则比较灵活,往往不在
句末。(刘鑫民 1995;陈昌来 2000)董秀芳(2003a)讨论了带有焦点敏感算子的
一些句子中的焦点确定方式,具体分析了焦点敏感算子"只""也"的句法指向范
围,即这些成分在句法上的操作域,指出凡是出现在焦点敏感算子的句法指向范
围内的成分,都可能成为句子的无标记焦点;出现在句法指向范围之外的成分,
只能通过特殊重音而成为有标记焦点。董秀芳也指出,如果说在普通句子中焦
点可以在话语的要求下落在几乎所有的位置上,含有焦点敏感算子的句子中有
些成分则很难或几乎不可能成为焦点,即使成为,标记性也是极强的。范开泰、
张亚军(2000)认为从汉语焦点的等级类别看,焦点可以分为结构性焦点和语气
性焦点。提出了口气性焦点的概念,是指通过心理重音及表语气的副词"是、仅
仅、光、只是"等形式标记表现的焦点,实际上也是一种从标记出发对焦点的
界定。

5.1.2.4 从信息度的强弱上分析焦点

刘鑫民(1995)根据听话者对信息的预期程度将焦点分为绝对信息焦点和相对
信息焦点。绝对信息焦点是指绝对信息量比较大的信息焦点,所载的信息往往是
听话者难以预期的;相对信息焦点所载的信息虽然是听话者根据上下文和语言背
景知识比较容易预知的,但由于说话者为了某种需要而故意加以强调,因而承载的
相对信息量比较大。不管是绝对信息焦点还是相对信息焦点,都有一个共同特点:
说话者在心理上认为它们都是对完成交际任务比较重要的成分,因而是说话者有
意加以突出、强调的对象。汪玉霞、常辉、陈莉(2016)从心理语言学视角出发,关注
焦点自身的加工优势、对比项的加工机制、对比项的建构模型及不同焦点模态对焦
点加工的影响等四个相关问题,结论表明焦点在自身语义深入加工的同时,能够更
好地编码、理解和记忆对比项,焦点选项理论在实时加工过程中有确凿可信的
证据。

5.1.2.5 从句子的类型出发分析焦点

范晓、张豫峰等(2008)根据句子的不同类型来区分焦点,他们认为,具体的句
子分为孤立句和语境句,前者是指脱离语境跟现实不相联系的孤立存在的句子,它

是以静态面貌出现的,也可称为静态句。静态句的信息安排常遵循族语的普遍编排原则,在此基础上形成的焦点是自然焦点,即静态焦点;后者是跟一定语境或某种现实相联系的句子,它是以动态面貌出现的,是在言语表达中实际使用着的,也可称为动态句。动态句中的词语在现实中都有明确的指称或陈述的内容,充分体现了发话人的主观意图,发话人可以根据表达的需要着意强调某一成分,在此基础上形成的焦点是对比焦点,即动态焦点。他们还认为,自然焦点与对比焦点不在同一个层面上,前者是静态层面的概念,后者是动态层面的概念,二者既有区别,也有联系,静态焦点是动态焦点在长期运用中历史地形成的,是动态焦点语法化的结果。钟小勇(2020)以重动句焦点为研究对象,通过分析显示重动句 VP_2 焦点性显著高于 VP_1 焦点性, VP_2 比 VP_1 更倾向于做焦点。根据 VP_2 和 VP_1 焦点性差异,重动句有三种成分可做焦点: VP_2 是常规焦点; VP_1VP_2 和 VP_1 是非常规焦点,多焦点(双焦点)是一种标记性非常强的现象,重动句不是双焦点结构。

总之,焦点系统内部并不是一个单一的层次,是一个跨句法、语义、语用三个层面的概念。焦点在语句序列上或者表现为某一成分在语音上重于其他成分(采取重音的形式);或者表现为从常规的位置上移到凸显的位置上(疑问代词和一量名结构的移位等);或者由一些虚化的成分加以标识(如"是……的"强调句)。我们主要讨论后一种情况。

5.2 问题的提出

在现代汉语中,一般的句子都有常规的句法和语义重心,但通过句法操作可以对语序进行调整,从而使句子的重心发生变化。"是"及其相关格式就有这样的功能。汉语学界在 20 世纪 40 年代就对这种现象有所关注,一般称其为强调句。朱德熙(1980)、吕叔湘(1980)、高名凯(1986)等众多语法大家都在自己的著作中讨论过"是"字句。例如:

(1) 我是昨天去看的戏。

(2) 他是在这里喝的茶。

例(1)(2)表达的是对一件事的叙述,并突出强调"是"字句后的某个成分,其"语义特异"主要是用表静态关系的判断句来表达一个动态的事件并强调肯定事件的某一要素。王力(1943/1985)、太田辰夫(1958/2002)、赵元任(1968/1979)都曾关注过这种"语义特异"现象,这种现象在英语中也是普遍存在的。例如:

(3) It was I that found your dog in the park.

（4）It was in the park that I found your dog.

英语中的这种现象往往被学者称为分裂句。由于受到形式句法和英汉对比研究的影响，汉语学界也有一部分学者将"是……的"划入分裂句的范围进行研究。

实际上，通过比较我们发现，英语中的这种分裂句不仅有标记上的变化，还有语序上的选择，句子的重音和焦点通过这种分裂句在句法形式上得到规定。但汉语不尽相同。主要涉及以下问题："是……的"对句法成分的强调是有层次和程度差别的；"的"位置的不同会导致句子是否合法以及造成表义上的差异；不同强调句之间存在一定的关联，本章拟运用焦点理论对汉语语义焦点的游移进行考察，探究其背后的认知规律。

5.3   "是……的"标记焦点的差异

"是……的"一般被学者视为焦点算子（focal operator），现代汉语的句子往往用它来凸显句子中的某一成分，使其成为句子的焦点。从认知经验的角度来讲，是说话人深入事件内部，将注意的重心放在构成事件的某一要素上。（张和友 2012）一般来说，汉语叙事句的每个句法成分都可以加"是"来实现焦点的游移，但实际情况并非如此。例如①：

（5）a. 小王第一个从甲板上跳（了）下去。

　　　b. 是小王第一个从甲板上跳下去的。

　　　c. 小王是第一个从甲板上跳下去的。

　　　d. *小王第一个是从甲板上跳下去的。

　　　e. *小王第一个从甲板上是跳下去的。

从上面的例子可以看出，就"小王第一个从甲板上跳（了）下去"这个叙事句而言，自然焦点是"从甲板上跳下去"，可视为宽焦点，"是……的"可以对主语（小王）和状语"第一个"进行强调，使其成为对比焦点，而对句子本身的自然焦点不能进行突显。因此，b 和 c 是合法的，而 d 和 e 就不成立。"是……的"在突显焦点的过程中到底表现出哪些特征和规律呢？下面具体讨论。

5.3.1   主语焦点化的选择表现

英语中的分裂句在书面语中没有重音（stress）帮助的形式下往往借助"it is X

---

① 例句引自张和友（2012）。

that"将句子焦点的唯一性突显出来。需要注意的是,汉语除了有"是……的"强调手段以外,还有重音对焦点的影响。例如:

(6) a. 是我在公园里找到的你的狗。

　　 b. 在公园里找到你的狗的是我。

　　 c. 你的狗是我在公园里找到的。

(7) It was I that found your dog in the park.

从上面的例子可见,同样是强调"是我",其可以游移在句子的任何一个位置:句首、句中和句尾。a 是在原有的叙事句(我在公园里找到你的狗)添加"是……的"使得"我"成为突显的焦点;b 属于"是"的判断句用法(A 是 B);c 是 a 句宾语话题化的结果,在句法上可以证明:

(8) *是你的狗我在公园里找到的。

将焦点标记放在话题"你的狗"上,句子是不合法的,因此,"是……的"只能使主语和施事成分成为焦点,"话题"不能成为焦点。

另外,英语中只有例(7)这一种形式,翻译成汉语时却可以是(6)中的三种形式,可见从语序的角度来讲,汉语更灵活。

值得注意的是,"是……的"强调主语和施事的句子里,不能再使用重音凸显其他成分,重音都落在"是我"上。a 和 b 重音模式虽然相同,但语义表达上还是有差别的。试比较:

(9) a. 是我在公园里找到的你的狗,你怎么感谢他呢?

　　 b. 是我在公园里找到的你的狗,不是狗自己回来的。

(10) a. 在公园里找到你的狗的是我,你怎么感谢他呢?

　　　 b. *在公园里找到你的狗的是我,不是狗自己回来的。

从上面的例句可见,例(9)中的 a、b 两个句子都成立,而例(10)中的 b 是不合法的。这说明,在突显对比焦点的语义和功能上两个句子的语义真值是一样的,都是强调"是我不是他",因此,两例中的 a 句可以;而 b 句的深层语义是不一样的,例(9)中的 b 是对整个命题"在公园里找到的你的狗"的凸显并使其成为对比焦点,所以,后面可以引出另外一个命题"狗自己回来的"。话题化的情况也如此:

(11) 你的狗是我在公园里找到的,不是它自己回来的。

可见,"是……的"对主语施事的强调是可以产生歧义的(邓守信 2012;张和友 2012),原因就在于既可以使主语成为焦点,也可以使整个句子的命题成为焦点。

再如：

（12）a. 是我吃的面包，你别埋怨别人。

　　　b. 是我吃的面包，你不能吃。

还有一类朱德熙（1978）指出不会产生歧义。例如：

（13）是小王第一个跳下去的。（是+M+AdvVP+的）

（14）是瓦特发明的蒸汽机。（是+M+V+的+O）

这种情况下，"是"的辖域比较固定，就不会造成歧义。

5.3.2　谓语焦点化的选择表现

典型的谓语是不能用"是……的"凸显的，这是语言的共性，英语也是如此。例如：

（15）a. *我在公园里是找到的你的狗。

　　　b. * It was found that I your dog in the park.

但汉语中有几种情况下"是……的"可以对谓语进行强调。例如：

（一）"属于"和"姓""当"等关系动词可以用"是……的"。例如：

（16）a. 土地属于国家。

　　　b. 土地是属于国家的。

（17）a. 他姓王。

　　　b. 他是姓王的。

（18）a. 他当班长。

　　　b. 他是当班长的。

朱德熙（1961、1978）认为句首的名词所指跟"是"后"的"字结构所指之间是一种"成素一类"的关系。袁毓林（2003）主张将其解释为前项 NP 所指具有后项 VP 所指的属性特征。

（二）和动词的"时""体"相关。汉语的"是……的"句和英语强调句在"时"和"体"上是有差别的。张和友（2012）指出，英语的分裂句可以有过去、现在、将来三种"时"，而汉语只有过去、现在两种"时"，除非借助一些模态词；英语的分裂句可以有"已然"和"未然"两种，汉语只有"已然"。我们认为这种看法值得商榷。例如：

（19）a. 他是当班长的。

　　　　b. 他过去是当班长的。（他过去是当过班长的。）

　　　　c. 他不久是会当班长的。

　　从上面的例句可见，汉语中"是……的"也可以出现在过去、现在、将来三种"时"中，但是必须依靠"时间"标记词，以往认为汉语"是……的"句的特点是在时体上的过去时、已然体的看法，需要进行修正。

　　再来看体的情况。例如：

（20）a. 你是来过北京的。

　　　　b. 我是吃过肯德基的。

　　　　c. 他是去过医院的。

（21）a. 小明是承认了错误的。

　　　　b. 小张是请了假的。

　　　　c. 秘书是打了报告的。

　　上面两组例句是加了"体"标记的句子，但句子的焦点仍然是动词表示的命题，而非动词本身。这一点从重音上也可以证明。例如：

（22）a. 我是哭了，但不是因为伤心。

　　　　b. 我是吃过，不过忘记什么味道了。

　　　　c. 他是去过，医生没理他。

　　例（20）（21）的重音都在 VP 上，例（22）中的重音都在"是"上，可见，虽然焦点也表示强调，但还是有差别的。谓语的凸显是有条件限制的，必须是动词的单独形式出现，而不能是 VP，这种标记性也体现了句法和语义上的明确分工。

5.3.3　状语焦点化的选择表现

　　通过考察发现，在简单的叙事句里①，"是……的"可以使所有类型的状语焦点化。例如：

（23）他是 1990 年出生的。

（24）我是第一次来看京剧的。

（25）警察是在灌木丛中发现尸体的。

（26）他是坐飞机去美国的。

（27）他是因为生病了才没来上课的。

———————————

　　① 这里的简单与否，是看状语出现的类型和复杂程度，在叙事句里，时间、地点、原因、方式等不一定共现，为了说明需要，根据出现项目的多少来断定其复杂的程度。

例(23)—(27)分别是对时间、地点、方式、原因等状语进行焦点化而产生的句子,这些状语都是单独出现的。如果增加状语的复杂度,这种焦点化的程度是否一样呢? 例如:

(28) 小王第一个从甲板上跳(了)下了去。

　→a. 小王是第一个从甲板上勇敢地跳下去的。
　　b. *小王第一个是从甲板上勇敢地跳下去的。
　　c. *小王第一个从甲板上是勇敢地跳下去的。
(29) 看不见的上帝用智慧在一个晚上创造了看得见的世界。
　→a. 看不见的上帝是用智慧在一个晚上创造了看得见的世界。
　　b. ?看不见的上帝用智慧是在一个晚上创造了看得见的世界。

从例(28)可见,"第一次""从甲板上""勇敢地"三个状语成分的语序是不能变换的,焦点化标记只能对"第一次"进行凸显,其他情况都不合语法;例(29)中"用智慧"和"在一个晚上"两个状语中只能在第一个状语前出现焦点标记。这和"是……的"的高层断定性有关,所谓高层断定,是指说话者断定相对于预设来讲是高一层的特征,是说话人"移情"于事件某一要素的结果。从句法形式上来看,说话者所做的断定到底是焦点标记后面的成分,还是与整个 VP 联系在一起的所对应的时间不好甄别,说话者所做的断定应是针对整个事件而发的。具体来说,说话者断定底层事件具有"是"所标识成分对应的属性特征。也就是说,这种结构的整体语义是"某一事件具有某种属性特征"。"是"只能出现在与 VP 相关联的最前项状语之前,因为这个位置可以统辖整个命题,所以,"是"不能插到中间,这也正是焦点化、句法规则和句子重音相互中和的结果。

5.3.4　宾语焦点化的选择表现

宾语一般是句子的自然焦点,这符合汉语尾焦点的规则。凸显和强调宾语的模式有两种。

一种是直接"VP 的是 NP"格式。例如:

(30) 老师昨天批评了李刚。
　　→ 老师昨天批评的是李刚
(31) 他昨天买了一本小说。
　　→ 他昨天买的是一本小说。

当然,这里面也涉及"的"的转指问题,这里暂不讨论。
另外一种是情况如下:

（32）老张昨天是打了<u>小李</u>的。

（33）我是看见了<u>一只狼</u>的。

徐烈炯（2001）、石毓智（2001b）都举过以"是"标识宾语焦点的例子，认为汉语中有不少也可以加"的"，似乎构成了宾语不接受"是"焦点标识的反例。但实际上，在上面的例句中，"是"标识的不是宾语，而是整个命题，宾语是通过句末语气"的"和重音实现的凸显。

通过上面分析我们发现，重音可以对句子的各个成分进行焦点标识，而"是……的"往往是对整个命题进行标识，而这形成一种语用功能上的互补关系。

5.4　"是"和"的"的位置选择和功能中和

结构助词"的"一般位于定语和中心语中间，但当中心语缺省的时候也可以位于词语或句子的末尾，和语气助词"的"处于相同的句法位置。语气助词"的"可以采用位于句尾显性的音节形式，也可以采用非显性的音节形式，以隐性形式对整个命题予以肯定和确认。例如：

（34）a. 我是 2011 年来的上海。

　　　b. 我是 2011 年来上海的。

　　　c. 我是 2011 年来的上海的。

　　　d. 我 2011 年来上海的。

　　　e. 我 2011 年来的上海。

语气助词"的"位于句尾，具有加重语气的作用，不隶属于某个词或者短语，而属于整个句子，是对整个命题的肯定和确认。宋玉柱（1978）、邢福义（1981）、吕必松（1982）、熊仲儒（2007）等均认为"是……的"句末的"的"是语气词。语气助词"的"在整个句子中的存在，不是出于结构上的需要，而是出于句子所要表达的某种语气的需要，所以一般可以省去，省去后句子的基本意义不变，只是肯定和确认的信息相应减弱。

"X 的"处于句尾，以及结构助词"的$_1$"与语气助词"的$_2$"同音、同形的语表特征，为两者的中和提供了句法、语音和语形上的铺垫，使结构助词"的$_1$"在与"X"结合构成"X 的$_1$"，表达"X 的$_1$Y"内容的同时，能够吸纳、合并语气助词"的$_2$"。

朱德熙（1961）指出："语气词'的'和'的$_3$'的界限实在不容易划清楚"；木村英树（2003）、袁毓林（2003）、徐阳春、钱书新（2005）等认为句末语气性的"的"同名词短语中的"的"具有同一性；还有学者认为句尾"的"紧邻动词，导致表示过去时的"的"和表示确定的"的"难以区分。但是,"同一说"和"难以区分说"均认为句末的"的"只有一个,是一词多用,而我们认为是多词共一形在功能上的中和。

5.5　小　　结

通过上面的分析我们发现,"是……的"对不同句子成分进行焦点化的能力是不同的,即使在有标记的情况下,通过句子重音,焦点仍然可以游移。这体现了焦点在语序表现上的选择性和灵活性。另外,"是"和"的"的隐现说明,语言使用者在不同的语言环境中,往往根据表达的需要和对表达信息的主观态度,从语义真值相同的各句位变体中选用不同的表达形式。

第六章 现代汉语移位现象及其 语法后果研究

使用语言的目的是为了交际,语言交际的过程实际上是信息交流的过程。所谓信息交流,是发话人和受话人之间的信息互相传递。(方经民 1994)在信息传递的过程中,通常总是以句子为基本信息单位,而句子又是由相互联系的句法单位按照一定的规则组合起来,句法结构往往是静态的,句子结构往往是动态的,句法结构相对固定,在实现句子的交际过程中,一些成分往往出现灵活的"易位","易位"是汉语口语交际中一种使用比较广泛的言语现象,实际上,这种"易位"是一种交际策略,表达特定的语用信息和功能。而当这些语用信息和功能凝固以后又会形成一种特殊的句法形式。从表达命题的意义来看,移位的成分不影响整个话语的命题意义,但从话语信息焦点的突显程度和语用效果来看,移位后形成的句子比常规结构表现出更强的主观意义和独特的表达功用。

以往的研究认为"易位"是因为在口语中,说话人急于表达最重要的内容,因此不重要的内容就被甩到句子的后面,之所以移位是为了强调前置的新信息,而且后移的成分都轻读,通过研究发现,只从新旧信息上研究还不能说明问题的全部,因为"移位"是一种动态的变化形式,这种表达形式会由一开始的"不自觉"慢慢凝固为一种语言表达习惯,从而影响句法结构。Baker(1976)指出,语言系统是工具,描写工具最确切的方法是根据它们的用途以及使用的特点。本章从尝试运用信息理论对现代汉语中的易位句做进一步研究,分析易位成分语序表达选择性的认知动因和理据。

6.1 信 息 理 论

6.1.1 语言信息理论的沿承

应用于研究语言的信息理论最早是由布拉格学派的学者提出来的,受索绪尔和库尔德内的影响,Mathesius(马泰休斯)及其布拉格学派进一步发展了结构与功能这两个语言概念,认为句子的形式切分是一种语法切分,而实际的切分应该是功能和交际切分,后来进一步发展出主位(theme)和述位(rheme)的概念并将其运用

于句子的切分,而这种切分的依据是句子的词序。例如:

(1) I felt an altar fool.

(2) An altar fool I felt.

这两个句子的交际动力是不同的,例(1)属于客观词序,因为表达的出发点"I felt"在前,表述核心"an altar fool"在后,表达的出发点包含了已知信息,是交际的基础,其交际动力最低;例(2)属于主观词序,表述的核心在句首,表述核心含新信息,是交际的目的,其交际功能最高。(彭宣维 1995)

布拉格学派的学者也对句子的功能范畴进行了研究,并形成了交际动力论(communicative dynamism)(何自然 1987;彭宣维 1995),认为话语中句子表达语义内容的各种成分承载着不同程度的交际动力。如果这个成分只传递一个已知的信息,交际动力就小;如果它传递一个新信息,交际动力就比较大。句中各成分按其负载的交际动力的大小而依次相随,交际动力最小的成分在句子的最前端,交际动力最大的在句子的最后端,即已知信息在前,未知信息在后。(袁颖 2001)

Halliday(1967、1970)借鉴布拉格学派将信息分为已知信息和新信息两种范畴的观点,通过对话语和篇章结构的研究,讨论语言的信息结构,主要集中在语调和词序两个方面,结合重音、音段和句子成分排列先后来分析话语的信息传递规律。

Wallace Chafe(1970)进一步将信息理论应用于句子结构的研究,专门论述了句子结构的新信息和旧信息,Dwight Bolinger(1975、1977)阐述了信息传递对英语句子结构的影响。Sanford & Garrod(1981)提出了场景理论(scenarios theory),与信息理论密切相关,通过解释语言信息和语境的关系,使人们了解特定的语言结构表示特定的语言信息。

信息理论到底在多大程度上制约语言的运用,Brown & Yule(1983)认为还没有形成一套完整的系统规律,因为信息传递不仅是一个语言形式安排的问题,更取决于说话人和话语的环境。语境提供的信息是多方面的,有社会背景方面的,有人际关系方面的,有个人文化修养和信息素质方面的,情况十分复杂。(张斌 2000b)

6.1.2　韩礼德对语言信息理论的发展

Halliday(韩礼德 1985)认为,语言是社会符号系统的一部分,社会情景意义在语言各层次中的编码过程是一系列的聚合式的选择,选择的结果体现为结构,即结构是系统选择的终极体现形式。在此基础上,他进一步发展了语言功能成分的观点,认为语场(Field)、语旨(Tenor)和语式(Mode)等情景三要素在语义层将被分别编码为概念、人际和语篇三项语义成分,这些成分在词汇语法层又分别体现为及物系统、语气系统及主位结构、信息结构和衔接系统,它们在音系层体现为音系结构,呈现为一系列声音。因此,信息理论被表述为:某些被选择的语义成分在形式层编码为一个与主位结构和衔接并列的语篇—语法范畴—信息结构,以及在音系层的体现。(彭宣维 1995)

6.1.2.1　信息概念范畴化为语法概念

信息单位的作用在于将语篇结构性地划分为两种成分,根据它们在交际中的地位,说话者希望听话者以相应的态度将它们看作信息。其中之一是新信息:引起听话者注意的新的或未预计到的重要内容;其二是旧内容。之后,Hallliday(1985)又将信息的概念进一步完善为:信息是一个已知或可预测的和新的不可预测的单位成分之间的相互作用的过程,从语言学的角度看,它是由"新"与"非新"相互作用产生的。因此,信息单位是一个由两种功能构成的结构,即新信息与已知信息。这表明韩礼德的信息概念不是语义概念,也不是一个单纯的语用概念,而是将信息概念进行了范畴化,将其界定是一个语法范畴,是语篇构成的基本意义单位之一。另外,把一个语篇切分为若干信息单位还和句子组织的主位等因素有关,同时还和其他非主位性的选择(如语气系统、及物系统等)有关,因为语调不仅仅具有信息传递功能,还有语气等体现功能。当然,信息单位是结构性组织中一个独立的侧面,跟其他范畴互相依存。(胡壮麟等 1989;彭宣维 1995)

6.1.2.2　信息焦点

Halliday(1985)对信息焦点(Information Focus)从性质、功能、体现过程、分类及其在音系层的实体性体现方式等方面进行了系统的研究和界定,在信息结构(information structure)中,信息焦点就是信息单位的焦点所在,信息单位并非和句子结构一致,而是和音调群一致,由此可见,信息焦点是由重音成分决定的。例如:

(3) John saw the play yesterday.

这个句子的两个信息单位分别为"John"和"saw the play yesterday",根据重音的支配,"John"和"play"是焦点标记,"John"是一个简单音段调,"saw the play yesterday"是一个复合音段调,其主焦点为"play",次焦点为"yesterday",前主重音段为"saw the"。这种切分的方式是以英语为研究对象的结论,但这种过分依赖语音的操作手段,不一定适合汉语。

他还进一步阐释了对比性焦点与非对比性焦点的区别,认为信息焦点通常落在最后一个词项。但由于语境的因素,焦点可能标记性地落在小句的任何一个位置而形成对比性焦点,例如:

(4) A: Mary painted the shed yesterday.

B：John painted the shed yesterday.

当 B 听到 A 时,处于纠正的目的,把重音放在"John"上,"John"便成了对比焦点。

6.1.2.3　已知信息和新信息

信息焦点在音系结构中的功能是强调一个信息的主要载负片段。说话者根据自己的意愿以一定的方式突出载负片段的目的是为了让听话者确定其"消息"价值。韩礼德指出,焦点就是新信息。相应地,没有给予强调的部分则不是新信息,而是已知信息。所以,焦点系统的功能就是在声调群内部描绘一定的语调特征,从而确定已知信息与新信息的界线。跟焦点系统一样,已知信息与新信息在结构化过程中体现的线性序列中也有有标记和无标记之分。标记性焦点会落在指示或其他封闭性的词项上,可能在句末,也可能不在。信息结构的常规性构成方式是新信息随于已知信息。有标记的信息成分要么是对比性的,要么是和某一已知项相对应的新信息。韩礼德从语篇的整体高度把信息结构看作构成语篇的单位,将语篇划分为已知信息与新信息两种单位。并从两个角度界定信息结构:一方面,从语篇角度看信息结构是信息的分布与信息焦点的单位;另一方面,又被看作人际调式(interpersonal key)。(胡壮麟等 1989;彭宣维 1995)

6.1.2.4　篇章视角下对句子结构的分析

Halliday(1985)把英语句子的主位部分分成意念成分、人际成分和篇章成分三个部分。意念成分是那些在句子的及物性结构中担任角色的成分;人际成分包括表示语气、态度的成分和呼语性成分;篇章成分包括各种连接成分和关系成分。英语中判断主位成分和述位成分的根据主要是语调。例如:

(5) On the other hand　may be　on a weekday it mould be less crowded.
　　篇章成分　　　　人际成分　意念成分　　　　　述位

这种对主位结构的切分也适用于汉语的信息结构。(张伯江、方梅 1994)马泰休斯和布拉格学派将已知信息和新信息分别看作表达出发点和表述核心的一个特征。韩礼德将信息结构划分为一个独立的语法范畴,并指出"已知信息(主位)+新信息(述位)"是一种典型的匹配序列。(彭宣维 1995)这一观点对汉语的研究产生了很大影响。

6.1.2.5　不同句子功能观

在分析句子功能的过程中,布拉格学派和韩礼德的观点是有差异的。布拉格学派用"主位—述位"结构来描述和解释句子,和信息结合起来,认为主位代表的是已知信息(旧信息),述位代表的是未知信息(新信息),根据表达的需要,句法结构变为"述位—主位"时,信息结构仍然不变,即述位仍然代表新信息,而主位仍然代表旧信息。韩礼德认为,句子结构的一般模式是:主位(已知信息)—述位(未知信息),但根据语境和表达的需要,句子也可以是特殊的标记模式,这时标记主位既可以是已知信息也可以是未知信息,述位同样既可以是已知信息也可以是未知信息。(彭宣维 1995;张伯江、方梅 1994)

6.1.3　国内语言学界对信息理论的运用

外语学界,何自然(1987)、周心红(1993)、徐萍(2009)、杨晓华(2010)等主要利用信息理论的概念和模式对英语的句子结构进行分析,从英汉对比的角度探讨二者的信息结构,从翻译应用的角度探讨信息结构的原则和作用。

汉语学界,张伯江、方梅(1994)较早地运用信息理论对汉语相关现象做出分析,他们运用"主位—述位"这一框架来描写汉语口语的信息结构。他们在分析的过程中借鉴了马泰休斯的"主位—述位"框架和韩礼德对主位结构的切分方式,认为汉语语法学界更倾向于用"主语—谓语"[①]和"话题—说明"[②]两种框架来描述和说明汉语的信息结构,但有很多情况是"主语—谓语"或"话题—说明"所不能涵盖的,比如位于"主语"和"话题"前后的一些情态成分、篇章连接成分等往往得不到充分的重视和说明,但实际上它们在信息结构中扮演了很重要的角色,却往往不能得到说明。张伯江、方梅(1995)指出,易位现象的实质不是句法成分互换位置,而是信息成分根据交际需要的有序排列,这种把信息和句法剥离开来的观点确实解释了诸多成分移位的语用动因——信息表达的需要,但同时留下疑问:这种信息结构的安排会产生的语法后果如何? 信息结构和句法结构之间有没有接口? 张伯江、方梅(1996)在考察宾语和趋向成分、宾语和动量成分的语序时指出:"旧信息总是尽量靠近句首,新信息总是尽量靠近句末";周士宏(2008)从信息结构角度对焦点结构的分类进行了阐释;袁颖(2001)探讨了被动句的结构信息并提出三种信息功效;刘丹青(2011)在讨论"有"字领有句的语义倾向和信息结构时指出:"比起英语来,汉语的句末是一个对信息结构更加敏感的自然焦点位置,置于句末已成为汉语语法手段库藏中一个专化的(自然)焦点化手段。"陆俭明(2017)指出句子所传递的信息不等于句子的意义本身,重点解析了句子结构和句子信息结构之间的关系,说明了研究的实际效应。毕罗莎、潘海华(2019)讨论了汉语"给予类"和"取得类"两类双宾结构的句法构造和语义关系,并尝试运用信息结构理论,重新解释

---

　　① 如吕叔湘(1946/1984)指出,由"熟"而及"生"是我们说话的一般趋势,已知的先浮现,新知跟着来,并认为依此来分析主语和谓语不能说是纯机械主义,实在也同时遵从某一种语言心理的指示。

　　② 话题往往都是已知的事物,话题为说明的展开提供了一个特定的框架。(Li&Thompson 1981)

两类双宾结构的关联与差异。王竹、张天伟(2019)基于信息结构理论,通过语料可接受度对比测试,认为汉语中存在空缺句,语境有助于提高其可接受度。汉语空缺句是"话题—评述"结构,借助对比话题和对比焦点传达对比信息。焦点判定和对比信息强弱是影响空缺句可接受度的主要因素。数量词、指示词和祈使语气可加强对比信息,提高可接受度;而副词、否定词和释因类句式会影响焦点判定,降低可接受度。

总之,学界重视语言信息结构的研究,是因为研究汉语语法需要这一视角。但也要注意重视语言信息结构理论并不是完全替代先前的语法分析理论。(陆俭明 2018)

6.2　问题的提出

吴为章(1995)指出,不同种类的信息在语句中的分布是有一定规律的。通常是主语、主题体现已知信息,谓语、述题体现新知信息,语义中心或信息中心往往在句子的后半部,这些都是通过相对固定的语序来实现的。这种与一定位次相对应的信息分布,可以看作常规分布,一旦背离了常规,通常会伴随语序变更或其他条件。处在同一句法结构之内的句法成分的位置一般来说比较固定,可是在口语中常常出现一些灵活的变化。例如:

(6) 进来吧,你!①
(7) 要睡觉了,我。
(8) 走了吧,大概。
(9) 我常年在外,这次回来休假,这房子也是我们单位刚分的我,过去没家都。
(10) 这把锄头用起来很得劲,用起来。
(11) 啤酒吧,喝点儿!
(12) 等一下,请他们。
(13) 通知各班班主任,你下午上了班。
(14) 干嘛呢这是? 这么热闹。

关于这种语言现象,从20世纪20年代开始汉语学界就开始讨论,如黎锦熙(1924)的"倒装说",赵元任(1968)的倒装句(inverted sentence)和追补(afterthought)概念的提出,陆俭明(1980)的"易位"说,孟琮(1982)提出的"重复"

---

① 本章所讨论的例句都是口语化的语料,分别来自参考文献、电视剧和电影台词的转记,还有一些是自省语料,不一一列明出处。

现象,陈建民(1984)、吕叔湘(1986)的"移位"说,史有为(1992)提出的"追加"和"追补"说,张伯江、方梅(1995)关于前置成分和后置成分的分析。陆镜光(2004a、2004b)提出了延伸句的概念尝试统一解释倒装、易位等现象。这些研究的侧重点和研究方法各有不同,有的受传统句法思想的影响根据意义分析句子,有的侧重句法结构描写,有的从语用和信息的角度进行分析。我们关心的问题是,语用易位之后的语法后果是什么,如果从是否导致语法后果切入来看易位现象,情况可能又不一样。如例(6)—(10)看上去都是易位现象,但有的在语用易位之后,并不是易位那么简单,如例(9)和例(14)。徐晶凝(2019)强调以往的研究忽略了该类语法现象的句法研究价值,追补句作为一种句法手段,其形成受到交际信息传递的内在机制与汉语句法内在机制的共同制约,是说话人在交际互动中进行话题管理以及立场调节的重要手段。我们赞同这一思路,因为"现代汉语信息结构和句法结构也不都是铁板一块,新近日益明显的句中语气词专职化倾向以及易位现象的规律化倾向十分值得注意"。(张伯江、方梅1994)

本章尝试从易位是否会导致相关的语法后果入手,结合信息理论,探讨移位背后的机制和动因。

6.3　关于几个问题的厘清

我们先来看陆俭明(1980)指出的"易位"的特点:

(一)易位句的语句重音一定在前置部分上,后移部分一定轻读。

(二)易位句的意义重心始终在前置成分上,换句话说,后移成分永远不能成为强调的对象。

(三)易位句中被倒置的两个成分都可以复位,复位后句子意思不变。凡易位句,前置部分总是说话人急于传递给听话人的东西,因而往往带有被强调的色彩,后移部分则是稍带补充性的东西。这也正是口语里出现易位句的原因。

杨德峰(2001)提出修改意见,认为前两个特点过于绝对化,根据这个特点很多句子会被排斥在易位句之外,修正后的特点为:

(一)易位句中被倒置的两个部分都可以复位,复位后句子意思不变。

(二)句末语气词决不在后移部分之后出现,一定紧跟在前置部分之后。

(三)易位句的语句重音一般在前置成分上,后移部分的语速一般比较快或读得比较轻;但有时为了达到强调、夸张等效果,后移部分也可以重读。

(四)易位句的前置成分一般是语义重心,后移成分有时是可有可无的,有时起着补充说明的作用,有时也是语义重心。

　　陆文和杨文对于易位句中被倒置的两部分可以复位、句末语气词的位置两点没有异议，有分歧的是关于易位句的语句重音问题和意义重心的问题。陆文认为易位句的语句重音在前置部分上，后移部分轻读。杨文肯定语句重音一般在前置成分上，后移部分的语速比较快或读得比较轻，但同时认为为了达到强调、夸张等效果，后移部分也可以重读。对于语义重心问题，陆文的观点是始终在前置成分上，杨德峰认为前置成分是意义重心，后移部分有时也是意义重心。

6.3.1　易位还是移位

　　句子的前后成分可以倒置过来，如"你哥哥来了吗?"可以说成"来了吗，你哥哥?"陆俭明(1980)把这种现象称为"易位"，"来了吗"称作前置成分，"你哥哥"称作"后移成分"。这种提法影响很大并一直沿用至今。陆文所说的"易位"实际上是两个成分互换位置，缺少参照点。例如：

　　(15)　你游泳了,又? —— 你又游泳了?
　　(16)　钢笔弄坏了,叫弟弟。—— 钢笔叫弟弟弄坏了。
　　(17)　他正打电话呢,跟家里。——他正跟家里打电话呢。

　　例(15)、例(16)和例(17)中的"又""叫弟弟"和"跟家里"都是状语，而且是镶嵌在句法结构之中的，它们和其他句法成分之间是如何实现互换的，不太好解释。如果说其中的某一个成分是从句法结构中移位出来的接受度会更高。

　　吕叔湘(1986)使用了"移位"这个术语，语言中的移位现象是指"一个语言成分离开它平常的位置，出现在另外的位置上，这种语言现象多出现在口语体中"；张伯江、方梅(1994)也提出似乎使用"移位"更合适；张谊生(2000)使用的说法也是副词移位；范晓(2001)也认为"倒装"和"追补"都是移位。陆俭明、沈阳(2003)对倒装句、移位句、易位句三者进行比较认为："移位"是相对于某个"原型结构"中某个成分离开原来位置跑到其他位置上，是语序的临时变动；易位句中后移部分不是从先发部分移动过来的，"易位"后的成分不能分析为句法成分，只是话语层面上的移动，所以，只能在语用层面上得到解释：就是先把基本句中旧信息成分中的部分或全部加以省略，然后把省略的成分或全部在句末再进行追加，追补的成分是轻音。我们倾向于采取"移位"的说法，原因有以下两点：(一)"移位"是有参照点的，或者以句子的某个成分为参照，或者以抽象的句法结构规则为参照，如主语在谓语的前面，状语一般在谓语的前面等，这是一种认知上的参照，因为有些"移位"是无法还原的，即使还原了，句法、语义和语用信息都不能等值，而"易位"说的是相互换位，动因解释为"为了突出要先说的主要信息，把不重要的信息向后甩"。

要注意的是,"后移成分"有时不是主要信息,但不等于不重要。(二)易位要求还原性,还原之后保持语义不变,"移位"不强调还原性,强调移动的动因和移动之后产生的语法后果。

6.3.2　重读还是轻读

陆文的观点是,后移的成分一定是轻读的,杨文修正后的结果是有的时候轻读,有的时候重读。这说明,轻读还是重读只是移位现象形式上的标记,轻读的语法后果就是,后移的语义信息不重要,可以删除,研究的必要性就不大;重读的语法后果是,后移的成分同样承载着重要的信息内容,会导致句法结构发生变化,是值得深入探讨的。陈建民(1984)指出,汉语句法有个特点,即句头有强调作用,句尾同样有强调作用。例如:

(18) 她去公园了,带了孩子。——她带了孩子去公园了。

例(18)也是陆文提出的易位句,试比较,移位前后的两个句子在信息传递上是不同的,"带了孩子"也可以是强调的成分,也可以重读。

6.3.3　信息结构和句法结构

信息切分与句法切分有时并不一致,这说明信息单位与句法单位不一定对应。在英语里,一个主位结构以一个含有调重音的调群为界限;在汉语里,则以主位标志和其后的焦点信息为界限。因为口语句子的线性铺排首先反映的是说话人对句子信息结构的分析,而并不一定直接反映句法—语义结构,所以,汉语的主位结构可以大至所谓的复句,也可以在所谓的分句或短语内部。(张伯江、方梅1994)陆文在句法结构内部研究易位有局限性,但是只注重信息结构,而忽略句法结构也有不足之处。

史有为(1985)认为易位句在语义平面上是个"双语义结构",实现到语法平面时变成了一个不相等的双句法结构单句。也就是说,易位句可以看成是两个结构互补、语义相同的句子,前一个省略非核心成分,后一个省略核心成分,互相拼合而成。这种分析方法值得商榷,但也提示我们,信息结构分析如果只停留在"主位—述位"的范围内,导致的后果是句法结构被忽视了。例如:

(19) 她骂了我一顿,为你。

(20) 多不容易啊,能凑到一起。

(21) 看见林蓓了吗,她也来了和那个保康。

就例(19)—(21)而言,张伯江、方梅认(1994)为是主位后置的现象,这些结构是不可以删除的,不能删除就意味着未必是次要信息,于是,对这种现象的解释又回到了"追加"或"追补"上。我们认为,只注重句法结构而忽视了信息结构,对移位现象的解释不够深入;只注重信息结构而忽略句法后果,又没有再深入的必要和空间。信息结构应该包括句子中新旧信息的分布以及话题、焦点结构的安排。(周士宏 2010)本章关心并尝试要回答的问题是:信息结构的调整会不会经过不断凝固向句法结构靠拢。

6.4   信息量的表达和移位性质的差异

张斌(2000)指出,信息量是从交际的角度来分析语句,这个问题很复杂,可以划分为若干层次。首先,要区分语言因素与非语言因素,非语言因素包括社会背景、文化修养、心理素质等。语言因素又有不同的层次,最表层的是语音问题,里层是句子意义问题,句子的意义是许多因素的综合,包括词义、语义、句法关系、结构关系等,这些都对信息的传达有影响。据此我们认为,对于移位现象,移位的成分负载着不同的信息量:句法信息量,语义信息量和语用信息量。移位的成分不一定同时具备三种信息量,因此也就导致了张伯江、方梅(1994)所指出的情况:易位句本身也应该当作一个动态的过程来看,有些后置成分的信息量极弱,完全可以省略;有些如鸡肋,去留两可;有些则是重要的补充内容,不能省去不说,大致来说,主位标记的"这是""我说"等后置成分倾向于可省,人称代词也容易省略,一般名词性成分去留两可,动词性成分不太容易删去,介词结构更不易删去,副词则几乎不能删。

6.4.1   人称代词的移位

人称代词除了表达指称意义外,在某种特定的语境和话语结构中承载者一定的语用功能。人称代词的移位情况如何? 移位之后表达的信息内容是否一样? 先来看几组例句:

(22) 吃饭了吗,<u>你</u>? ——你吃饭了吗?

(23) 不去了<u>我</u>。——我不去了。

(24) 还好吗,<u>他</u>? ——他还好吗?

(25) 放假了吗,<u>你们</u>? ——你们放假了吗?

(26) 快上车吧,<u>大家</u>。——大家快上车吧。

例(22)—(26)都是人称代词发生移位的情况,比较之后,移位前和移位后的句子的变化不大,虽然句法和语音表现形式上(轻读)有差异,但语义信息不变,语用效果差别不大。[①] 另外,上面的人称代词具有指称意义,不能随意删除,即使在上下文中可能出现过。当然,如果在对话的过程中,"你"就是听话人,可以省略。另外,上面的句子基本上是一般疑问句和肯定句,这和移位的性质有很大的关系。再来看下面的例句:

(27) 别打岔,到底去不去你?

(28) 快出去吧你,帮不上忙还净添乱。

(29) A. 你总出错,你现在这工作状态我相当不满意。

　　　 B. 什么意思啊你,要不是因为你,我能这么走神吗?我能这么憔悴吗?

(30) 苹果一个也没吃呢我。

(31) 原华,你得管管你们方波,太自私了他。

例(27)—(31)中的人称代词既可以轻读也可以重读,有两个原因:一个是句末焦点的影响;一个是句式的影响。汉语的句末是一个对信息结构更加敏感的自然焦点位置,置于句末已成为汉语语法手段库藏中一个专化的(自然)焦点化手段。(刘丹青 2011)以句子的末尾作为自然焦点的位置(尾焦点),是很多 SVO 语言的特点,这一特点在汉语中表现得尤其明显(张伯江、方梅 1996;刘丹青徐烈炯 1998)。感叹句、祈使句、反问句的语气要强于肯定句和一般疑问句,因此,这些人称代词不管是受尾焦点的影响还是受到句式语气的压迫,吸收语调之后才表现出更大的语用价值。例(27)—(29)有责备的语用效果;例(30)中的"我"表示不满和提醒"我还没吃呢,给我留点";例(31)"他"也表达了一种责备和不满。

第二人称承载的语用信息强于第一人称和第三人称,第二人称代词往往不能删除和复位,否则,表达的语气和主观情感明显减弱。例如:

(32) 好啊你,竟然敢给警察通风报信!

(33) 这什么情况嘛,你们!

(34) 快走啊你,别让他们发现我们。

例(27)—(34)中的人称代词发生移位之后的信息量更大,同样是移位,信息量大更适合用来达到交际的目的和效果。这种表达的差异有可能导致句法上的变化:后置的人称代词成为一种表达主观信息的句末话题焦点。[②]

---

① 陆俭明(1980)认为易位句有独特的语用效果,但在这几个句子中不明显。

② 话题焦点是徐烈炯、刘丹青(2003)中的概念,据此,本书提出句末话题焦点,下文具体说明。

6.4.2　名词性成分的移位

不是所有的名词性成分都可以移位。例如：

（35）天气一片娇情！—— *一片娇情，天气！

（36）阳光明媚，人人都愉快极了。—— *都愉快极了，人人。

无定的名词性成分不能发生移位，移位的名词性成分必须是有定的。例如：

（37）怪冷的，这屋子。

（38）真酸，这梨？

（39）真高啊，这楼！

（40）找着了吗，你的书？

（41）看完没有，那小说？

（42）我不想买了，那茄子。

移位前后名词性成分的语用信息量既可以说是减弱，又可以说是增强，减弱的情况下移位成分轻读，句法和语义的信息量没发生变化；如果强调信息量的增强，要重读。例如：

（37）'怪冷的，这屋子。（去别的屋子吧）

（38）'真酸，这梨？（比起一般的梨）

（39）'真高啊，这楼！（比一般的楼）

（40）'找着了吗，你的书？（大家的书都丢了）

（41）'看完没有，那小说？（和小说、散文一起看）

（42）'我不想买了，那茄子。（买别的）

可以将这些名词性成分看作对比性话题焦点，不再纠缠于是轻读还是重读，这和说话人表达的主观意图密切相关。

6.4.3　动词性成分的移位

动词性成分往往表达和陈述信息，自由度大，移位情形比较复杂。例如：

（43）我就是这么表现的，我认为。

（44）不去了，准备？

（45）我们在种点儿芝麻，打算。

（46）他回来了，我听说。

（47）寒假去广州，我提议。

（48）两件衣服，<u>我给了他</u>。

（49）李明去超市了，<u>骑着车</u>。

（50）等一下，<u>请他们</u>。

（51）这把锄头很得劲，<u>用起来</u>。

（52）他游了三公里，<u>带着救生圈</u>。

动词性成分移位后，在语气和重音的调控下，有可能是重要的信息，成为对比焦点信息。如例（43）—（52）中画线部分也有可能强调"不是别人认为的""还没决定""不是亲眼所见""只是建议""不是使用别的交通工具""动作的方式不同""不是依靠自身的游泳技术，而是在工具的帮助下"。如果说是前景和后景信息的关系，就可以信息转换；如果说是主要信息和次要信息，主次也可以转换；如果说前面的成分是主要的话题信息，后面的成分就可以说成是后置的话题焦点。①

在动词结构的移位中，有一种特殊的现象值得关注，就是动词成分不再表示陈述信息。例如：

（53）我一定跟他说，会谈通的<u>我想</u>。

（54）何必呢<u>你说</u>，到底有多少是不可调和的敌我矛盾呢？

（55）——就我，要模样有模样，要长相有长相，我就不信我嫁不出去，还非得在你这一棵歪脖树上吊死啊？

　　　　——这孩子，这是又跟谁生气呢，<u>你说</u>！

（56）——其实是因为我小时候眼睛特别小，总是咪咪的。

　　　　——还可以啊<u>我看</u>，再大就该招灰了。

（57）（连续接了几个电话之后）这电话怎么一个接一个呢，<u>你说</u>。

（58）这事也太突然了，我要是知道搬家，我买两条烟来啊，<u>你看</u>。

从上面的例句可见，移位的成分都是主谓结构的你/我 V，而 V 主要指的是"想、说、看"。按照张伯江、方梅（1995）的观点，上面例句中画线的部分都是主位结构后置，但例（53）—（58）和例（43）—（52）是有差别的。依据曹秀玲（2010）的观点："随着句法地位的变迁，'我/你+V'结构的语音形式由清晰变得短促而含糊，其中的动词失去部分范畴性特征，整个结构由原来的词汇意义表达转向语用功能表达，成为不具有句法地位的独立成分。"应该将例（53）—（58）这些成分看成是话语标记。后移的这些成分已经丧失了句法信息和语义信息，语用信息得到增强，表示责备抱怨、劝慰说服和欣羡赞誉等功能（曹秀玲 2010），语音形式上表现轻读。

① 这里的"我认为，我听说，我建议"也具有话语标记的功能，但和后面"我说、你看"这类话语标记有差别，姑且放在动词性成分中讨论。

这种移位导致了语法后果：句末话语标记。[1] 复位之后，这些成分仍然是话语标记，但是移动前后有差别：

（一）这些话语标记在句首时都可以选择和语气词结合，如"你说/看/想+啊/吧,你知道+啊/吧/吗,我/看/想+啊/呢"。（曹秀玲 2010）但移位之后不可以和这些语气词结合。

（二）这些成分和句首的话语标记还有一个很大的区别，就是完句功能，句末的话语标记使说话人的话语有了收势，从语气和语流上显得更加完整。

6.4.4 介词结构的移位

陆俭明(1980)指出能够移位的介词结构只有少数几个。介词结构和动词短语一样负载着句法信息和语义信息，即使移位，其句法信息和语义信息也不会产生语义磨损，甚至还增加了额外的语用功能。例如：

（59）她骂了我一顿，<u>为你</u>。

（60）你到底有什么意见啊，<u>对这个计划</u>。

（61）你滚吧，<u>给我</u>！

（62）你就看一会儿吧，<u>替他</u>。

（63）她正打电话呢，<u>跟家里</u>。

（64）我见过他一回，<u>在中秋节</u>。

（65）我妈妈回来了，<u>从四川</u>。

（66）他骑走了，<u>把车</u>。

（67）钢笔弄坏了，<u>叫弟弟</u>。

上面的移位成分表示原因、对象、时间、地点等语义信息，以往的研究都认为这些移位的成分相对于前置成分来说是次要的。但需要强调的是，次要并不等于不重要，这些成分不能删除，有的时候，移位是为了强调后面的成分，可以称其为句末话题焦点，句末话题焦点需要在语境的激活下，其负载的信息才能浮现，甚至凸显。例如：

（68）如果我能够，我要写下我的悔恨和悲哀，<u>为子君</u>，<u>为自己</u>。

这时，后移的成分在语音上也要重读。

6.4.5 副词的移位

张伯江、方梅(1995)认为后移成分中的副词是最难删除的。陆俭明(1980)指

---

[1] 后文具体解释。

出能够易位的单音节副词只有 7 个,双音节副词中,作状语时能跟中心语发生易位现象的比单音节略多些,但也只有 20 个左右,如"大概、到底、反正、恐怕、简直、已经、大约、多半、好歹、忽然、居然、索性、幸亏、幸好、也许、正在、逐渐"。后来又有人通过观察,增加了几个。杨德峰(2001)对能够发生易位的副词进行了以下分类:

　　语气副词:还、就、毕竟、不妨、差点儿、凑巧、大约、(大概)、到底、倒(是)、的确、都、反倒、反而、反正、还是、好在、好歹、或许、几乎、简直、竟然、究竟、居然、恐怕、难道、恰好、其实、说不定、似乎、索性、未免、幸好、幸亏、也许、正巧、最好

　　时间副词:才、曾经、成天、从来、赶紧、赶快、刚、马上、偶尔、始终、向来、一直、已经、永远、有时、预先、早晚、早已、正在、在、正、眼看

　　情态副词:忽然、顺便、一连、逐渐

　　范围副词:全都、至多、至少、总共

　　程度副词:稍微、有(一)点儿

　　重复副词:常常、重新、又、再

　　关联副词:也

　　从宏观上来看,这些副词的移位似乎具有一致性,但实际上,能够移位的副词是有功能差异的,这一点以往的研究没有注意到。例如:

　　(69)电影开演了,<u>快</u>。——电影快开演了。

　　(70)你游泳了,<u>又</u>? ——你又游泳了?

　　(71)下棋呢,<u>在</u>。——在下棋呢。

　　(72)先别走,外边下雨呢,<u>正</u>。——外边正下雨呢。

　　陆文和杨文在分析这些副词移位的时候,注重句法结构的变化和还原,对语气的关注和解释不够[①],例(70)—(73)都不是语气副词的移位。语气副词移位值得深入讨论,齐沪扬(2002)指出,有些语气副词是位于句子的末尾表示某种语气的一类词,有些语气副词可以直接与语气词连接在一起,这是其他类型的副词所不具备的特点。例如:

　　(73)怎么回事<u>到底</u>呢?

　　语气副词的口语化程度、习语话程度以及使用的频率是有差别的,因此,它们移位之后表达的信息内容也就有所不同,同时,也会导致不同的语法后果。下面以

---

　　①　只有讨论"还"的时候,谈到了含有指责的语气。

几个典型的语气副词移位现象为例进行具体说明。

6.4.5.1　"都"的移位

"都"的用法复杂,既可以表示范围,也可以表示语气,这些用法都可以移位,但性质不同,比如"来了吗,都"表示的是范围,也可以说成"都来了吗"我们在实际的语料中发现,表示语气副词"都"移位以后是不能复位的。例如:

（74）不嫌寒碜都。

（75）如果你找的男朋友年纪太大,跟父母没法称呼了都。

（76）这房子也是我们单位刚分我的,过去没家都。

例（74）中的"都"表示一种强调语气,是对"不嫌寒碜"这种贬损义的进一步强化;例（75）中的"都"强调"找年纪太大的男朋友"的后果会造成"跟父母没法称呼了"这种尴尬的局面;例（76）中的"都"强调"过去没有家"这种艰难的困境。这几个例子中,"都"的位置不能变换,变换之后的意义会产生变化,试比较:

（74）'都不嫌寒碜。

（75）'？如果你找的男朋友年纪太大,跟父母都没法称呼了。

（76）'这房子也是我们单位刚分我的,过去都没家。

变换之后的结果是,例（74）'中的"都"不再表示语气,而是表示范围,语义指向"不嫌寒碜"的主体对象;例（75）'可接受度不高;例（76）'中的"都"指向"像我这样过去没有房子的人",不表达语气。

为什么会这样呢? 张谊生（2000）观察到有 70 多个副词可以移位,多数是评注性副词,并认为评注性副词的基本功用是对相关命题或述题进行主观评注,其句法分布上也十分灵活,可以位于句首、句中和句末。他还用"全幅评注"和"半幅评注"来说明评注的辖域。齐沪扬（2002）指出,句首的语气副词具有高位功能,位于句中的语气副词具有低位功能,具有高位功能的语气副词的管辖范围是全句,是对整个命题进行表述;具有低位功能的语气副词管辖的范围是句子中的述题部分,是对述题进行表述。处在高位或低位的语气副词只能在句子层面上表示一定的意义。

通过分析可见,例（74）—（76）中的"都"是对整个命题的表述,并且从句法位置和语用功能上来说专职化了,既然句首的语气副词具有高位功能,专职化的句尾副词同样具有高位功能,可称作句末语气焦点。

6.4.5.2　"还"的移位

语气副词的移位都表达一种主观义,关于"还"的主观用法,武果（2009）、谢白羽（2011）进行了研究。但未论及"还"在句末的情况。例如:

（77）少先队员呢,<u>还</u>!

（78）往往多数婚姻都没有爱情呢<u>还</u>!

（79）生气了<u>还</u>?

（80）坏事变好事了,<u>还</u>!

（81）真是反了你,<u>还</u>!

从句法操作的角度来说,例(77)—(81)中的"还"不管是复位还是删除,要么句子不合法或者表达的意思发生变化,要么整个句子表达的语义信息不完整。试比较:

（77）' <u>还</u>少先队员呢! 　　　　　*少先队员呢!

（78）' *往往多数婚姻<u>还</u>都没有爱情呢! 往往多数婚姻都没有爱情呢!

（79）' <u>还</u>生气了? 　　　　　生气了?

（80）' 坏事<u>还</u>变好事了! 　　　?坏事变好事了。

（81）' *<u>还</u>真是反了你! 　　　*真是反了你!

从信息量和信息传递的角度来看,复位和删除以后的句子的信息量不足,例(77)—(81)中的"还"表达的是一种反预期的信息量,同时表达一种责备和意外的语气。这里的"还"是一种元语增量(沈家煊2001),对陈述的命题表明说话人的主观态度,正是因为陈述的命题提供的信息量不足,"还"用来提供足量的信息并带有很强的主观性。正是因为"还"所指的预期与言语之间存在理想与不理想、常态与非常态、典型与非典型的对立,"还"的出现往往还给句子添加上惊奇、责怪等语气。另外,沈家煊(2001)指出,在口语中,元语增量的"还"可以移到句外,例如,"小车还通不过呢,就别提大车了——小车通不过呢还,就别提大车了"。沈文是从语义量级的角度考察"还"表示主观大量还是主观小量,我们关注的是移到句末以后形成的专职化的语气副词"还"对整个命题的信息量表达的作用和造成的语法后果,其后果就是和"都"一样形成了句末语气焦点。

6.4.5.3 "又""就""快""在""正"的移位

陆俭明(1980)提出的可易位的7个单音节副词中,"都""还"的语气功能比较强,"又"和"就"也可以表达语气信息,但是不像"都""还"那么典型。我们先来看"又"的情况:

（82）迟到了,<u>又</u>!（表示失望批评,强调"迟到"不应该）

（83）喝酒了,<u>又</u>!（妻子要求丈夫不能喝酒,表达一种不满的情绪）

如果就是表达一种客观陈述,例(82)(83)中的"又"移位前后的差别不大。但是如果加上语气,情况就一样了。如果"又"放在句首并且重读也可以表达这种意义:"又'迟到了!""又'喝酒了!",但是句子的独立性较差。

再来看其他 4 个词的情况。例如:

(84) 你走了,<u>就</u>?（再待一会吧或者忘记什么事还没做）

(85) 我打电话呢,<u>正</u>!（别打扰我）

(86) 我看电视呢,<u>在</u>!（现在走不开）

(87) 热死我了,<u>快</u>!（把空调打开）

如果将后移的语气副词复位,一般句子要有后半部分,所以,句末语气焦点可以使句子的独立性更强。

6.4.5.4　双音节语气副词的移位

语气副词的焦点表述的功能并不完全一样(齐沪扬 2002),但它们仍然具有家族相似性,料悟语气中,语气副词的焦点表述功能最为突出,如"果然、果真、原来、难怪";在可能语气中,语气副词的作用也很大,无论在或然语气还是在必然语气中,语气副词都能够表示说话人对命题所持的揣测和肯定的态度,如"大概、也许、一定"等。(齐沪扬 2002)和单音节分析方法一样,我们同样认为,表示双音节语气副词移位的后果是:作为句末语气焦点,表达对整个命题的主观强调。例如:

(88) 走了吧,<u>大概</u>。（揣测）

(89) 怎么都不说话,好看么<u>倒是</u>?（责备）

(90) 我干什么了<u>究竟</u>?（反驳）

(91) 不关自己的事<u>反正</u>。（推脱）

(92) 太不像话了,<u>简直</u>!（强调语气）

例(88)—(92)移位的双音节语气词分别表示揣测、责备、反驳、推脱和强调的语气。由于双音词词语的语音独立性较强,还未达到像单音节语气副词"都""还"这种已经专职化的语气焦点。

6.5　移位产生的语法后果

张伯江、方梅(1994、1995)借用功能语法的"主位——述位"框架,陆镜光(2004)运用线性语法理论提出延伸句的概念来研究现代汉语易位句,追求的都是宏观上的观察和解释,好处是可以对移位现象做出统一的处理,这样看起来,汉语移位的信息结构比较整齐划一。但这种宏观上的归类使得移位的句法属性和特点没有得到深入挖掘,这些移位现象的内部实际上是不均衡的,从句法差异、承载的语义信息还有凸显的语用信息上都有差异,对于这些具体的差异进行进一步的划分和研究显得尤为必要。我们通过信息功能表达入手,结合信息理论,从内部着手分析移位现象的不同特点,试图解释信息结构和句法结构之间的一种互动关系。从移位造成的语法后果切入发现:移位造成了句末话题焦点、句末话语标记和句末语气焦点的形成。

6.5.1 句末话题焦点

徐烈炯、刘丹青(2003)指出,焦点在本质上是一个话语功能的概念,它是说话人最想让听话人注意的部分,在句子内部,焦点是说话人赋予信息强度最高的部分,跟句子的其余部分相对,可以用突出来概括它的功能;在话语中,焦点经常有对比的作用,跟语境中获听听说者心目中的某个对象对比,可以用"对比"来概括它的功能。从心理上说,焦点可以存在于句子的任何一个部分,因此,焦点不是一个结构成分。焦点相对于背景而存在,焦点所对的背景有两类:一类是本句中的其他成分;另一类是在上下文或共享知识中的某个对象或某项内容,话题焦点的特点是[-突出][+对比]。话题焦点只能以句外的某个话语成分或认知成分为背景,而不能以本句中的其他成分为背景,即话题焦点也并不比句子的其他成分突出,句子可以另有突出的部分。话题焦点的强调作用只是表现在跟句外成分的对比上。因此,上面论述到的人称代词、名词性成分、动词性成分、介词成分移位之后的语法后果就是形成句末话题焦点。

6.5.2 句末话语标记

上面讨论了动词性成分移位的情况,找出了一个特殊的类别,就是主谓结构的移位,这种移位和其他动词性成分移位有异,这些成分不再具有实际的语义内容,也不能充当句法成分,语音上表现为轻读,但语用信息量得到了增强。语音的轻重往往与语义负载量相联系,语音弱化常常伴随着语用程度的增高。(Bybee 2001)话语标记的判断标准之一就是分布的灵活性,"我/你 V"所承担的语用功能和分布位置决定其语音特点。曹秀玲(2010)进一步指出,从分布上看,在句首、句中和句尾分布,"我/你 V"在语音上呈现由长渐短的趋势,在句尾的"我/你 V"甚至出现"负的停顿"。[①] 曹文认为,这种话语标记在位置的选择上,句首占有优势,同时举了 1 例句尾的情况。例如:

(93) 初来乍到的,我把这床当成沙发了<u>你说</u>……

---

① 赵元任(1979)区分话语中的插入语和追补语,指出二者在语音上的不同表现,提到"负的停顿"现象,即不但没有停顿,而且在插入语或追补语之前的几个字说得更快。

我们可以称其为句末话语标记。其作用不像句首话语标记那样具有引领话题和语篇衔接的功能，而是一种情态成分，更多的是表达一种主观态度，是对前面内容的再次强调，从而使话语有一个收势，使整个句子在语气和语调上显得更加完整。除了上面这种句末话语标记以外，还有类似的移位情况。例如：

(94) 干嘛呢,这是? 这么热闹。

(95) ——抱来的孩子就应该马上让他叫爸妈,让他感受到家庭的温暖。

　　　　——想的什么馊主意啊,这是?

(96) a. 我们从小就灌输他,小孩从小做起,我们得培养他一种霸气,否则,将来怎么腾飞?

　　　　b. 啥方法啊,你这是,啥霸气啊,我看你这是霸占吧!

(97) 别来劲儿啊,给你脸了,是不是?

(98) 兄弟搞了一生现代派还没入门,不瞒您说。

(99) 离你就下决心离,要么就不离,离了也别再娶,天下乌鸦一般黑,我还告诉你!

6.5.3　句末语气焦点

齐沪扬(2002)指出,焦点是一个句子中的意义中心,在书面语中,语义重心的表示有时候依靠语气副词。语气副词的焦点表述只存在于意志语气中,意志语气表示说话人对说话内容的态度和情感,这种情感实际上是一种语气焦点。我们认为,语气焦点的位置由语气副词在句中的位置决定,齐文讨论的是常规语气副词分布的情况,我们认为上文谈到的副词移位造成的语法后果就是形成了句末语气焦点。甚至出现了专职化的倾向。我们也可以将移位的语气副词看作语法化的一个过程,在这个过程中,出现了语法化层级,"都"和"还"的语法化程度最高,其他语气副词还处在渐变的过程之中。

6.6　移位语法后果的认知解释

"移位"是汉语口语交际中一种使用比较广泛的言语现象,实际上,这种"移位"是一种交际策略,表达特定的语用信息和功能。当这些语用信息和功能凝固以后,又会形成一种特殊的句法形式。从表达命题的意义来看,移位的成分不影响整个话语的命题意义,但从话语信息焦点的突显程度和语用效果来看,移位后形成的句子比常规结构表现出更强的主观意义和独特的表达功能。这种句法结构安排是有认知基础和理据的,是一个心理建构体的概念化过程。以往的研究认为,"易位"是因为在口语中说话人急于表达最重要的内容,因此,不重要的内容就被甩到句子的后面,之所以移位是为了强调前置的新信息,而且后移的成分都轻读,通过研究发现,只从新旧信息上研究还不能说明问题的全部,因为"移位"是一种动态的变化形式,这种表达形式会由一开始的"不自觉"慢慢凝固为一种语言表达习惯,从而影响句法结构。我们提出三个术语来解释移位现象造成的语法后果:句末话题焦点、句末话语标记和句末语气焦点。

6.6.1　句末话题焦点形成的动因

从认知上来说,句法结构的安排往往体现了"图形—背景"凸显原则这一基本认知规律,这种认知规律与人们认识事物的视角(perspective)有密切关系。(Taylor 2007)。由于交际主体心智上的"完型"效应,说话人将认知域中涉及的关系体(如"X、Y")概念化为能够体现"图形—背景"凸显原则这样的句法结构。也就是说,人类语言概念信息的组织形式具有象征性和表征性,是一种意象图式。图形与背景的凸显程度是不对称的,图形往往被视为主要焦点凸显。但是"图形—背景"的凸显关系有时是可以互换的。再看前面举过的例子:

(42)＇我不想买了,[**背景**]那茄子。[**图形**]

(52)＇他游了三公里,[**背景**]带着救生圈。[**图形**]

(68)　如果我能够,我要写下我的悔恨和悲哀,[**背景**]<u>为子君,为自己</u>。

　　　[**图形**]

人类对客观事物的认知化和概念化过程具有动态性和虚拟现实性。(席建国、张静燕 2008)句法结构的选择反映了概念化或说话人对所交流的经验的识解,语义表征就是为了特殊目的而以特定方式识解出来的经验。说话人通过重读把"那茄子""带着救生圈""为子君,为自己"后置,正是其对欲凸显的信息焦点进行的"有界化"处理,以使"图形—背景"关系表现出一定程度的不对称性,这样可以使焦点信息得到更好的凸显。

6.6.2　句末语气焦点形成的动因

会话交际要遵守适量准则,即说的话要适量,不多也不少,传递的信息量要充足,同时还不要过多。(Grice 1975;沈家煊 2004)这样,说话人和听话人才可以利用足量准则和不过量准则传递和推导隐藏在字面背后的会话隐含义。我们上面所讨论的语气副词移位都不能删除,原因就是前面的成分只能提供命题基础,但却满足不了量的需求,语气副词可以与前述信息在语气、情态上形成紧密的呼应,从语

气上体现自己对信息焦点的评价态度,从而让听话人通过语用推理了解会话的隐含义。举几个前面的例子:

　　(77) 少先队员呢,<u>还</u>!（言谈举止不符合少先队员的身份）

　　(83) 喝酒了,<u>又</u>!（妻子要求丈夫不能喝酒,表达一种不满的情绪）

　　语气副词"还"和"又"提供了足量又不过量的信息,听话人根据双方的共识推断说话人的反预期义。

　　实际上,这种语气副词的移位也可以看作一个语用法的语法化过程,其语法化的动因跟不过量准则密切相关。沈家煊(2004)指出,语法化的机制也跟语用推理和隐含义的"固化"密切相关。例如,"好啊你"就完成了这一语法化过程。这种语义的演变不是来自语言自身,而是在说话人和听话人在交谈中,遵守了语言表达的经济性原则(economy principle)和信息的可处理原则(processibility principle)。

6.6.3　句末话语标记形成的动因

　　上文提到的由主谓结构移位形成的话语标记是一种语用标记,这种句末语用标记的形成有外因和内因两个方面:外因就是口语表达的习惯导致移位;内因就是这种句末语用标记因为不再承担话语标记的典型功能(引领话题和篇章衔接),从而表达说话人特定的情感、态度、观点和意志。在使用频率上,位于句首的话语标记占据优势(曹秀玲 2010),除了语气表达之外,句末话语标记和一般话语标记还有相同之处(或者没有本质上的差别),另外,句末的话语标记是不是由句首移位而来也需要进一步证明,这样行文是为了保持一个角度来解决问题。

6.7　小　　结

　　以往的研究认为,"易位"是因为在口语中说话人急于表达最重要的内容,因此,不重要的内容就被甩到句子的后面,之所以移位是为了强调前置的新信息,而且后移的成分都轻读,通过研究发现,只从新旧信息上研究还不能说明问题的全部,因为"移位"是一种动态的变化形式,这种表达形式会由一开始的"不自觉"慢慢凝固为一种语言表达习惯,从而影响句法结构。我们在前人研究的基础上,提出了三个术语来解释移位现象造成的语法后果:句末话题焦点、句末话语标记和句末语气焦点,有两点意义:一是在前人研究的基础上,为移位的句法后果提供了一条可遵循的路径,同时指明了一个终点,是一种动态的研究;二是遵循了语法研究要兼顾意义和形式的原则,从语用分析又回到句法。

第七章 现代汉语复句语序
表达的选择性研究

语序和虚词是汉语最重要的语法手段。因此,讨论语序问题在汉语语法研究的进程里一直没有间断过,但大部分都集中于单句范围内讨论汉语句法成分和语法结构在次序上的安排规则,其间也会关注到复句语序的变化,如王力(1943)、赵元任(1968)、胡附、文炼(1984)、吴为章(1995)、张炼强(1997)、范晓(2001)都曾提及过。这些研究认为,复句语序的变化是一种临时的语言现象,句法表现形式上是一种"倒装",语用上是一种追加和修辞的需要。而认知语言学认为,在客观世界与语言世界之间存在一个心理世界,即人们通过认知感受世界,客观世界的多维性在认知中表现为凸显程度的不同,而这种认知关注程度的差别,在线性的语言表达中必然会呈现出先后差异,表现为语序不同。本章拟从认知功能的角度出发,以"图形—背景"理论为依托,观察和分析汉语复句语序的选择性表达方式,从认知策略上解释汉语复句语序表达选择的规律、动因及机制。

7.1 "图形—背景"理论

"图形—背景"理论(Figure – Ground Theory)是认知语言学中以凸显原则为基础的一种理论。(沈家煊 2006;吴为善 2011)由于语言结构中信息的选择与安排是由信息的凸显程度决定的,因此,"图形—背景"理论对于解释语言的线性排列规则具有很强的说服力。

7.1.1 理论的来源与发展

"图形—背景"理论最初是由丹麦心理学家 Rubbin 提出的,他用脸与花瓶幻觉图形(Face-vase illusion)来描述人类在视觉感知时图形和背景的关系,指出大脑对视觉信息的组织遵循"图形—背景"分离原则。(Rubbin 1958)后来这一理论被以德国的 Koffka 为代表的完形心理学家借鉴运用到知觉组织的研究中。完形心理学认为每一种心理现象都是一个完形,但也承认分离性的存在。图形是一个格式塔,是突出的实体,背景是尚未分化的衬托图形的东西,图形和背景是可以互换的。

认知语言学家 Talmy(1975)用"图形—背景"的关系对英语中的复合句

(complex sentence)进行研究,为了与完形心理学中的"图形—背景"相区别,他把 figure 和 groud 两个概念的首字母大写成[F]和[G]。并将复合句的"焦点—背景"①定位原则分成以下五类(Talmy 2000;余玲丽 2005),焦点对应于主句,背景对应于从句。

a. 时序原则(Sequencep Rinciple):主句是后发生的事情,从句是先发生的事情。例如:

(1) The class began after the bell rang.

b. 因果原则(Cause-result Principle):主句是结果时间,从句是原因时间。例如:

(2) She slept until he arrived.

c. 包容原则(Inclusion Principle):主句是时间范围小的、被包含的事件,从句是时间范围大的、具有包含性的事件。例如:

(3) He had two affairs while he was married.

d. 依存原则(Contingency Principle):主句是依赖性的事件,从句是对另一个事件具有决定性的事件。例如:

(4) He dreamt while he slept.

e. 替代原则(Substitution Principle):主句是不可预料但事实上发生的事件,从句是可预料但事实上并未发生的事件。例如:

(5) He is playing rather than working.

Langacker(1987)把焦点和背景归结为人类认知建构活动,把它们放在"视角"(perspective)这个大的理论框架内进行研究,对焦点和背景作如下定义:主观上来讲,一个情景中的焦点是一个次结构,在被感知时,它相对于情景的其余部分(背景)更"突出",被给予特殊的显著性,成为中心实体,情景围绕焦点组织起来,并为它提供一个环境。Langacker(1991)又提出运动链(action chain)的观点来解释主语、宾语和焦点、背景的对应关系,一个场景中最凸显的成分通常被视为焦点,置于主语的位置,而受事通常被视为背景作宾语,这是运动链的原型表达,但对同一个运动链可以通过不同的视角得以识解,因此,"工具""受事"等角色可以被视为焦点作主语。Langacker(1991)引入"射体—界标"(Trajector – Landmark)概念,并把

---

① 这里的"焦点"(Figure)对应于"图形",而不是"Focus",以下同。语言中的焦点、背景与视觉和听觉中的图形、背景不一样,后者指具体的实体,前者既可以指空间中的运动事件或方位事件中两个彼此相关的实体,也可以是在时间上、因果关系上或其他情况中彼此相关的连个事件。(吴为善 2011)

射体和界标分别定义为凸显关系中的主要焦点和次要焦点,前者表示关系结构中最凸显的部分,倾向充当主语,后者表示次凸显的部分,倾向充当补语和宾语。

Ungerer & Schmid(1996)认为认知语言学由三种方法表征,即经验观,突显观和注意观。而"图形—背景"理论是突显观中的重要内容。通常,具有完形特征、小的物体或是运动的物体作为图形;结构较为复杂、相对静止的物体作为背景。Chen(2003)、Croft & Cruse(2004)等对这一理论进行了深入和广泛的研究,并将其运用到句法和言语事件等语言范畴的研究。

Talmy(2000)指出,图形和背景是语言中同时存在的两种基本概念,前者需要被定位,后者可以作为参照点,他利用"图形—背景"关系来解释自然语言里的空间关系,包括方位关系和位移关系。

7.1.2　"图形—背景"理论在汉语中的应用

Talmy 和 Langacker 在运用"图形—背景"理论解释语言现象时,不用完形心理中的"图形—背景"概念,而发展出了"焦点—背景""射体—界标"等术语。汉语学界的学者们也提出了一些新的概念来描写和解释语言规则。方梅(2000)对"前景—背景"的定义是:在实际语篇中,特别是在叙述语体中,有些语句是直接报道事件的进展、人物活动的,另一些语句则是对事件进行铺排、衬托的,前者称作前景部分(foregroud),后者称作背景(background)部分。在叙述语体中,前景部分实际在回答发生了什么,而背景部分不回答发生了什么。方文在对现代汉语持续体标记"着"进行全面的考察的同时,从语篇的角度论证了"V 着"表达背景信息的功能。例如:

(6)有个战士坐车,<u>一位妇女抱着娃娃</u>,他不让座,娃娃哭了他也不理。

(7)我们的人民是勤劳勇敢的人民,<u>有着艰苦奋斗的传统</u>。

"一位妇女抱着娃娃"是作为背景出现的,"有着艰苦奋斗的传统"是作为补充和追说的成分出现的,也是背景信息。

陈忠(2006)也谈到了"前景—后景",并且明确指出,"前景—后景"和"图形—背景"是不同的,图形和背景的认知方式体现在句法领域,则形成了句法上的图形和背景关系(clausal trajectory—clausal landmark),句法图形和背景的概念是着眼于主语、宾语和动作之间的关系,如果着眼于动作发生和终结前后所涉及的不同因素的功能,可以把这些跟动作相关的因素划分为两类:后景和前景。陈忠把句子当中为其他成分提供参考的成分称为后景,包括句子当中表示动作起因、方式、发生时间、发生地点等要素;把根据后景所提供的参照信息而建立的时间、处所、结局等情状称为前景。显然,陈忠所理解的"图形—背景"是来自 Langacker 提出的"射体—界标"的概念。另外,陈忠认为"图形—背景"和"前景—背景"的差异在于前者对应于主宾语,是从显著度的角度根据引起注意的程度安排句子成分的线性序列,而前景是功能的角度划分出来的,图形不一定是前景。例如:

(8)他是坐飞机去的北京。

"坐飞机"是前景,"去的北京"是后景,把"图形—背景"理解成只对应于主语、宾语在句法结构中的分工,注重凸显而忽略了"图形—背景"的转换关系。

古川裕(2001、2005、2012)提出的"认知凹凸转换"理论也来源于"图形—背景"理论,只是换新的术语。他从"一个语言形式对应两个相反的外界事件"和"一个外界事件对应两个不同的语言形式"两个侧面出发,用三个立方体图形来说明"凹凸转换"的关系。

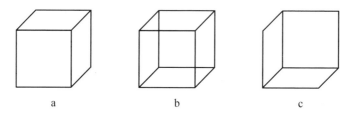

当作平面上的一组线条来看,a、b、c 三个图形都不一样;当作平面上面的立方体来看,a、c 不一样,可是 b 有时像 a,有时像 c。我们可以"随心所欲"地把 b 看成和 a 一样或和 c 一样。不过"b 像 a"和"b 像 c"是不相容的,即互相排斥的,我们不能同时把 b 看成又像 a 又像 c。并用"凹凸转换"的关系来解释"咬死了猎人的狗"的歧义问题。另外,古川裕提出的这种理论还解释了一些动词("为"类词、"跟"类词和"下/出"等位移动词等)和句式("叫/让"字句式、隐现句式和双宾语句式等)的双指向表现,目的是要解决对外汉语教学中的一些难题。

上面几种观点的理论根源都是"图形—背景",通过结合语言事实,为了达到不同的研究目的,不管采用哪种说法,都是以认知语言学中的"凸显"原则为基础的。另外,图形和背景的分离转换关系也正好对应于语言形式的选择和信息传递的规则。沈家煊(2006)指出"引退"(recession)现象,"引退"是相对"凸显"而言的,一引一退才形成一个整体,和"脸与花瓶"以及"图形—背景"倒换的原理一样,在一个视觉领域内,必须有一部分凸显一部分引退,作为一个"完形"的图像才会浮现出来,这种"凸显原则"表现在语言的各个方面。刘云、李晋霞(2017)指出论证语篇的篇章结构对复句使用的制约主要表现在复句的数量分布和类型分布两个方面,论证语篇前景中的复句,其句法语义的典型表现是低及物性,论证语篇背景中的复句则在及物性等级上表现中立。复句的使用具有明显的语篇动因。这些成果对我们研究现代汉语复句语序表达的选择性有很大的启发。

7.2　问 题 的 提 出

7.2.1　复句语序变异的相关研究

在汉语学界,涉及复句语序的变异问题大致集中在三个方面。

一是与修辞研究联系在一起。最早把复句的语序变化和修辞联系在一起的是陈望道(1932),但只是在谈论倒装的时候提及;田小林(1990)以因果复句为例,讨论了变换语序的修辞作用;于树泉(1991)认为复句变序是修辞手段的一种,并将变序复句的修辞作用总结为"突出语义、补充语理、通畅语气、平添语趣、舒张语势"等;胡宗哲(1996)指出,人们调整句式,使常规语序有所变化是在特定的交际语境下基于修辞的需要,而这些变异的句式往往起到常规句式不能代替的特殊作用;曹德和(2005)指出,汉语语序的变化分别或者综合地受到时间、逻辑、习惯、韵律、语境以及超常表达等因素制约。

二是与关联词语的位置考察联系在一起。李晓琪(1991)根据分句定位原则,以关联词与主语的相对位置关系为参照,考察了现代汉语中常见的 116 个关联词的分布位置;姚双云(2008)考察了 393 个复句关系标记,归纳总结了关系标记的位置、连用的格式,影响关系标记连用的因素及连用的语用价值;储泽祥、陶伏平(2008)从类型学视角分析汉语因果复句的关联标记模式,并用汉语的事实证明和丰富了"联系项居中原则"。李思旭(2020)以假设连词的位置分布为切入口,跨语言检测了"联系项居中原则"的适用效能,从语序类型学角度指出假设连词与语序之间的内在关联性:VO 语序语言假设连词倾向于前置,OV 语序语言假设连词倾向于后置。李曦、邓云华(2020)指出英汉因果复句中,焦点标记主要位于因句关联词之前,侧显焦点信息和言者的主观强调。汉语关联词焦点标记形式语义更丰富、精确,主观性更高。其他研究多见于硕士学位论文。

三是正句和偏句关系的描写。丁恒顺(1978)指出,偏正复句通常的情况是偏前正后,但"有时因为表达上的需要,可以把偏句移到正句之后";孙云(1980)也认为:"如果要特别突出事物的变化,则把偏句放在正句之后,使偏句只起补充说明的作用",同时指出:"偏句位置除受句子本身突出的重点不同制约外,还受到上下文衔接的限制";景士俊(1992)认为有些转折句的偏句后置"由句群的句子和句子的语义关系决定的",认为这种情况主要是受上下文衔接影响,而非后置起强调意味;张炼强(1992)描写了假设复句从句后置的情况,分析了后置与否的条件;马清华

(2005)分析了并列结构的组织原则;唐正大(2007)提出了与关系从句有关的三条语序类型原则;宋作艳、陶红印(2008)从汉英对比的角度,提出了和以往研究不同的观点,即汉英原因从句后置都是优势语序;肖任飞(2009)基于优选论得到了现代汉语因果复句的优先序列;王春辉(2010)对条件句的前置倾向和后置动因进行了阐述;黎洪(2012)比较全面地考察了偏正复句句序的变异情况。

7.2.2　复句语序变异的性质

关于复句前后分句的语序变化的性质,学界大致有四种观点:

一是"追补"说。大多数学者认为,偏正复句的常见格式是偏句在前,正句在后,如果是偏句在后,常常带有补充说明的意味。(吕冀平 1959;丁恒顺 1978;林裕文 1984;刘振铎 1986;胡裕树 1995;刘月华 2001;邢福义 2001)

二是"强调"说。持这种观点的学者认为,复句中的"倒装"现象是为了强调突出正句,如孙云(1980)、刘振铎(1986)①、邵敬敏(2007)。

三是"篇章衔接"说。易匠翘(1992、2000)指出,偏正复句的内部语序和分句在言语链中所起的作用密切相关,并按照偏句、正句与言语链的衔接情况,把偏复句又分为 3 类 6 种类别;郑远汉(2003)认为语序的变化要根据语言交际的需要,还应考虑上下文的连贯;许余龙(2003)、匡鹏飞(2009)从回指、预设等篇章角度对复句的语序进行了个案研究。

四是"欧化"说。持这种观点的学者认为,偏正复句中偏句后置是受到西方语法的影响,视其为一种欧化现象。最早注意到汉语复句语序的变化是受到西方语法的影响的是王力(1943),他指出:"五四以后,汉语受西洋语法的影响,复句中的分句的位置有了一些变化。从前,汉语的条件句和让步句都是从属分句在前,主要分句在后的。在西洋语言里,条件式和让步式的从属分句前置后置均可。五四以后,这种从属分句也有了后置的可能"。陈建民(1984)指出,连词放在句尾属于"欧化结构";赵元任(1968)曾把偏句后置的偏正复句看作"外来结构";适达(1994)指出,前正后偏复句是一种被吸收进汉语的外来结构,已经成为汉语的一种句式,而不再仅仅是修辞手段;谢耀基(2001)从历时的角度论述了偏正复句偏句的后置归因于句法的欧化现象;贺阳(2008a)从考察鲁迅、矛盾等文学作品中复句偏句后置的情况出发,认为转折和假设复句中从句后置的主要原因就是欧化;马春华(2010)也注意到了对"将+主句动词"是"欧化"的结果。可见,从来源上说,"欧

化"确实对复句语序变化产生了很大的影响,但语言的融合和接受需要一个过程,汉语接受这种变化的动因和机制需要深入研究。

7.2.3　本章研究的范围

20世纪80年代以来,认知语言学者就汉语语序的问题提出了一系列认知规律和原则,可以说对深入解释汉语语序的相关问题有了重大突破,如戴浩一(1988)的时间顺序原则、刘丹青(2003)的联系项居中原则、陆丙甫(2005)的可别度领先原则等,这些研究主要针对的是汉语单句范围内的语法规则,对于复句语序的变化只是偶尔提及,因此,从认知的角度对汉语复句语序表达的选择性进行解释和研究也是语序研究中值得关注的重要课题。

现代汉语复句可分为联合复句(并列复句)和偏正复句(主从复句),联合复句中的各分句在句法地位和意义上平等,而在偏正复句中,正句(主句)表达主要意思,偏句(从句)是次要的、从属的。在语序安排上,偏正复句多数情况下是偏句在前、正句在后。(胡裕树1995;刘月华2001;张斌2003)在现实的语言材料中,语序选择性表达的情况往往发生在偏正复句中,关于偏正复句的分类,从黎锦熙开始各家的分类就有所差异,我们按照张斌(2003)的分类,对因果、转折、假设、让步和目的复句的语序选择性表达进行考察,并从认知上找出其变异的动因和理据。

另外,语言类型学家早就发现了语序方面的一条规则:语法单位所在的层次越高,其语序越自由;反之,则语序越固定。各级语法单位按语序从固定到自由的排列大致是:词内的语素<短语内的词<小句内的短语<复句内的分句<篇章或句群内的句子。(刘丹青2003)我们在前几个章节中有所论述,标记是语序变动的一种调节手段,因此,本章从形式入手,只对带有典型形式标记(关联词语)的复句语序表达的选择性进行考察。

7.3　因果复句语序表达的选择性

如果从典型范畴来看,汉语因果复句中的标记关联词语会成对出现。[①] 而且是原因在前,结果在后。从语言的象似性来说,汉语属于象似性特别高的语言(沈家煊1993),汉语的语序排列和它们所表达的实际状态和事件发生的顺序保持高度的一致性。从逻辑的角度来说,先有因后有果,原因在前,结果在后,汉语这种因果复句的语序选择符合客观事物的发展顺序,遵循了逻辑顺序原则。因此,大部分

---

① 当然也有单个出现的情况,必要时再讨论这种情况。

学者认为,"因前果后"是现代汉语因果复句的常规语序。(王力 1943;胡裕树 1995;刘月华 2001;邢福义 2001;张斌 2003)例如:

(9) <u>因为</u>海水的传热能力比大气高许多倍,<u>所以</u>洋流在低纬与高纬间的热量传输方面起了重要作用,调节了纬度间的温差。

(10) 岳是东岳泰山、西岳华山、南岳衡山、北岳恒山和中岳嵩山的总称。<u>因为</u>泰山位于五岳之东,是五岳之长。<u>所以</u>古代帝王登基之初或太平年岁,都要登泰山祭告天地,举行封禅大典。

(11) 北落师门是一颗比太阳大一半的普通恒星。<u>由于</u>它距离我们较近(仅 20 余光年),<u>因而</u>看上去很亮。

(12) <u>由于</u>他对发展社会科学做出了重要贡献,<u>因而</u>获得政府特殊津贴。

(13) <u>既然</u>我们承担了这个改革任务,<u>就</u>应该给我们这个权力,以一切方式加重农民负担的东西,就要敢顶,即便说农民都同意了,也不要听这话!

(14) <u>既然</u>我们承认并推崇市场经济,<u>就</u>不能不按价值规律办事,就不能不考虑社会需求。

从上面的例句可见,原因和结果是揭示客观世界普遍联系着的事物具有先后相继、彼此制约的一对范畴,原因和结果同时具有必然的联系,二者的关系属于引起和被引起的关系。例(9)中,"海水的传热能力比大气高"是"洋流能够调节纬度间的温差"的原因,二者存在先后关系;例(10)中,"泰山位于五岳之东,是五岳之长"是"帝王登基登泰山祭告天地"的原因,二者有着先后关系;例(11)中,"北落师门距离我们较近"是"看上去很亮"的原因;例(12)中,"他对发展社会科学做出了重要贡献"是"获得政府特殊津贴"的原因,二者存在先后关系;例(13)中,"承担了这个改革任务"是"我们应该具有执行这个任务的权力"的直接原因,二者存在事理上的先后关系;例(14)中,"承认并推崇市场经济"就必须"按价值规律办事和考虑社会需求"体现了一种客观规律的先后顺序。在句法表现上,这样的因果复句还有一个最重要的特点,即语序一般不能调整,不能变成"果前因后"的形式。试比较:

(9)' ?洋流在低纬与高纬间的热量传输方面起了重要作用,调节了纬度间的温差,<u>因为</u>海水的传热能力比大气高许多倍。

(10)' ?古代帝王登基之初或太平年岁,都要登泰山祭告天地,举行封禅大典,岳是东岳泰山、西岳华山、南岳衡山、北岳恒山和中岳嵩山的总称,<u>因为</u>泰山位于五岳之东,是五岳之长。

(11)' *北落师门是一颗比太阳大一半的普通恒星。它看上去很亮,<u>由于</u>它距离我们较近(仅 20 余光年),

（12）'*他获得政府特殊津贴,<u>由于</u>他对发展社会科学做出了重要贡献。

（13）'*应该给我们这个权力,<u>既然</u>我们承担了这个改革任务,以一切方式加
重农民负担的东西,就要敢顶,即便说农民都同意了,也不要听这话!

（14）'*不能不按价值规律办事,不能不考虑社会需求,<u>既然</u>我们承认并推崇
市场经济。

从变换的结果来看,不管是基于"追补"和"强调"的目的来调整复句的语序都
是不合法的,上面的因果复句具有句法上的强制性,即要保证"前因后果"的顺序。
可见,上面的因果复句前后分句之间不仅在逻辑语义上存在着先后关系,在句子的
表现形式上也采取先因后果的形式。从信息传递的角度来说,原因是旧信息,结果
是新信息;从焦点表达的角度来说,结果是句子的焦点所在,这也体现了汉语"尾焦
点"的规则;从认知规律上说,前面的原因从句为后面结果从句提供了论述的背景,
这又符合"图形—背景"的基本原则。从这几个方面来看,这些特征都是原型范
畴。但在实际的语言表达中,人们未必都遵守这种原型规则,往往带上自我的主观
印记,这种主观性会打破因果的先后顺序,即因果倒置。即使关联标记位置相同,
复句表达的意义也有很大的差别,这是由人的主观性决定的,来看沈家煊(2003)的
例句:

（15）张刚回来了,<u>因为</u>他还爱小丽。

（16）张刚还爱小丽,<u>因为</u>他回来了。

（17）晚上还开会吗? <u>因为</u>礼堂里有电影。

例(15)—(17)都是"果前因后"的形式,但并不是三者都可以变换成"因前果
后"形式的复句。试比较:

（15）'<u>因为</u>张刚还爱小丽,<u>所以</u>他回来了。

（16）'*<u>因为</u>张刚回来了,<u>所以</u>他还爱小丽。

（17）'*<u>因为</u>礼堂里有电影,<u>所以</u>晚上还开会吗?

例(15)表达的是事理因果关系,可以转换成"前因后果"的形式;而例(16)
(17)不可以,例(16)强调的不是事理关系,而是一种推理关系,通过"他回来了"推
测"张刚还爱小丽";例(17)是言语行为的原因,前后之间是一种语用信息的表达,
需要在语用推理的机制下句子才能成立。这也正是沈家煊所说的复句的表达实际
上包括行、知、言三域。如果从信息传递的重要性来说,以往"主句表示重要、强调
的信息,从句表示次要、弱化的信息"的说法很难解释上面的语言现象,另外,从新
旧信息的角度来说,例(15)(16)中的原因从句是新信息而非旧信息。

　　因果复句很复杂,原因在于人们主观世界中投射的因果关系和客观世界中的事理关系不一定严格对应,这种与使用语言和形成推理的相关理性心智过程往往是通过"图形—背景"的转换来实现的。现代汉语的因果关系复句实现"图形—背景"的转换手段往往采取有标记的形式,主要体现在关联词语的变化和删减上。

7.3.1　"果前因后"的几种表现形式

　　在现代汉语中,"因为……所以""之所以……是因为""由于……因此""既然……就"是最典型的因果复句关联标记。复句的语序表达的选择性往往和关联标记密切相关。

7.3.1.1　"之所以……是因为……"

　　邢福义(2001)认为,"之所以……是因为"有的时候表示强调原因,有的时候是补充说明,二者的差别在于前面是否出现"正(是)、就"等之类的词语。我们考察语料发现,绝大多数情况下后置的原因分句都表示强调,不管是否出现"正(是)、就"等词语。例如:

（18）中孟两国<u>之所以</u>能长期友好相处、合作得很好,<u>是因为</u>都致力于和平与发展,都奉行独立自主的和平外交政策。

（19）葡萄牙当局<u>之所以</u>动用警力参与调查"黑哨案",<u>是因为</u>他们发现葡萄牙足球联赛内"有强烈的文件造假、竞技腐败和幕后交易的迹象"。

　　例(18)要表达的语义重心是强调两个国家主张和平的外交政策,而非友好相处的局面,而前面的"中孟两国之所以能长期友好相处、合作得很好"恰恰是作为背景信息(旧信息)出现的;例(19)中强调的同样不是结果从句,而是强调原因从句,"葡萄牙当局之所以动用警力参与调查'黑哨案'也是作为背景信息出现的。"另外,从语法的表现形式上来看,同样可以证明原因从句比结果从句更重要,因为因果从句的标记是可以去掉的,而原因从句的标记无法删除。试比较:

（18）′a. 中孟两国能长期友好相处、合作得很好,<u>是因为</u>都致力于和平与发展,都奉行独立自主的和平外交政策。

　　　　b. *中孟两国<u>之所以</u>能长期友好相处、合作得很好,都致力于和平与发展,都奉行独立自主的和平外交政策。

（19）′a. 葡萄牙当局动用警力参与调查"黑哨案",<u>是因为</u>他们发现葡萄牙足球联赛内"有强烈的文件造假、竞技腐败和幕后交易的迹象"。

　　　　b. *葡萄牙当局<u>之所以</u>动用警力参与调查"黑哨案",他们发现葡萄牙足球联赛内"有强烈的文件造假、竞技腐败和幕后交易的迹象"。

结果从句中的"之所以"去掉之后不影响句子的合法性和语义表达,而将后面的"是因为"去掉,句子就不合法。这说明,重要的、需要强调的信息强制要求出现标记,而次要的、弱化的信息前面的标记就变成了羡余成分,可有可无。复句分句前后顺序的调整体现了主观性的增强。为了更加凸显要强调的内容,原因从句前面经常出现"就""就是""归根结底""仅仅""一定程度上"等表达主观情态的语气成分。例如:

(20) 邓小平<u>之所以</u>受到中国人民的尊敬和爱戴,<u>就是因为</u>他顺应了历史发展的潮流,提出了改革开放的国策,带领中国人民一心一意搞建设。(新华社 2004 年新闻稿)

(21) 城市<u>之所以</u>成为一个地区的中心,<u>归根结底是因为</u>城市具有高度发展的生产力。(《人民日报》1996 年)

(22) 它们<u>之所以</u>能保持名义上的政治独立,<u>仅仅是因为</u>欧洲列强对其瓜分事宜不能达成一致意见。(《全球通史》)

(23) 20 世纪 30 年代中,公然违反《国联盟约》的做法<u>之所以</u>能一再取得成功,<u>一定程度上就是因为</u>西方领导人首先须予以注意的是那些压倒一切的国内问题。(《全球通史》)

上面的复句通过标记强制选择"果前因后"的表达方式,体现了人类在认识上对"图形—背景"转换的处理,如果说例(18)(19)中原因和结果之间"图形—背景"关系不够凸显,那么人们在表达"凸显"图形意图的时候,就会选择再加标记的形式,从而达到"图形—背景"之间的转换,凸显语义重心和语用意图。如果说话人认为结果也重要,就会通过重复前面结果复句的方式再回到"前因后果"的逻辑表达中。例如:

(24) 它<u>所以</u>值钱,<u>是因为</u>这钞票的后边有大量的财富支持,<u>所以</u>它才值钱。

(25) 她根本就已经不怕乃文,她甚至敢跟他对骂,并不是因为乃文是纸老虎,而是她很明白他<u>之所以</u>对她发火,<u>是因为</u>他关心她,<u>所以</u>她对他的怒气也就多见不怪了。

例(24)中的"它所以值钱"是背景信息,重点强调值钱的原因,但随后又用重复结果的方式回到"前因后果"的形式上;例(25)中的"她很明白他之所以对她发火"是背景信息,而在说明原因之后,再用结果分句强调"她对他发火这件事看得很明白"。这种"结果—原因—结果"的模式也体现了复句语序表达选择性的主观差异。

7.3.1.2 "因为"句后置

邢福义(2001)、张斌(2008)都认为说话人为了强调原因,才用"之所以……是因为"来连接复句。作为背景信息的"之所以"可以删除,句子合法,而"是因为"不可删除,凸显的是"图形",是句子表达的焦点信息。这种语序表达的心理基础是人们主观上可以对"图形—背景"自由选择,是一种有意识的语言行为,而非"追补"信息,这不像口语表达中的易位现象,复句的表达往往有足够的时间进行布局谋篇,说话人将因果倒置就一定是有原因的,这种语序的变动不是被动的、临时的语序调整,是说话人主观性在语言上留下的烙印。"因为"句子后置是说话人为了凸显原因而采用的语法手段,而非"追补"和"临时"的用法。例如:

(26) 实际情况是,在中国人心中,我永远不会真正超过王治郅,<u>因为他是中国第一个能跑、能跳、能投、能盖帽以及能参与快攻的全能中锋。</u>

(27) 我们一夜都没有睡,天亮后我起身要走,<u>因为今天还有一部戏等着我,如果我不去那就会被别人抢了去</u>,尽管在戏中我仍是个小角色,但我不想让儿女情长耽误了自己的前程。

(28) 赤道上的观测者原则上能看到整个星空,<u>因为他在随地球自转的过程中,几乎能看到所有方向的星星。</u>

上面的因果复句都是"果前因后"的形式,有几个特点值得注意:结果分句中的"所以"不能出现;结果分句要比原因分句的语符长;前后分句不能调换顺序;原因分句前面都可以加上"是"。这说明,表示结果的分句就是作为"背景"信息出现的,而且这种语序方式也恰巧避开"头重脚轻"的问题。特别是例(27)中的"因为今天还有一部戏等着我,如果我不去那就会被别人抢了去"既是强调的焦点信息,又是后面分局的背景,从篇章衔接的角度来说,原因分句有承上启下、延续话题的作用。

7.3.1.3　"由于"句后置

原因后置的情况一般都是以"是由于"的形式出现,可见,"是由于"是句子表达的焦点信息,这种复句也不能换成"因前果后"的形式。例如:

(29) 安徽会计师事务所建所时间不算长,但能取得如此的进展,<u>是由于该所有一位好"班长"许根普同志,他不仅工作兢兢业业、任劳任怨,更重要的是他在领导全所工作中,牢牢地掌握住两条:一是任人唯贤,量才使用;二是依法治理,规范行为。</u>

(30) 元素的"寿命"以天来计算;102 号以分计;103 号以后的元素要以秒乃至毫秒来计了。109 号元素的发现,<u>是由于在硅板上记录了它的"影子"</u>,它在实验室里只逗留了五千分之一秒就"失踪"了。

和"因为"联系的原因从句一样,"是由于"往往也处在一个语篇中,"是由于"

大多数情况下不能作为一个语段的终结点,往往后面还要衔接一定的内容,起到承上启下的作用。二者的区别主要在于:"因为比由于更主观,更适宜于强化、衔接指向更多样"(李晋霞 2011)。还有一部分复句,表面上看是原因从句后置,实际上是结果从句在上文的语境中可以推知,为了语言的经济性而省去不说的,这种情况的复句也不能变换成"因前果后"的形式。例如:

(31) 除了部分人是为了省电话费和牟取暴利,不惜以邻为壑,搅乱空中的无线电波外,相当一些人,<u>是由于对有关法规缺乏了解</u>。

从例(31)可见,"是由于对有关法规缺乏了解"后面的内容应该是"电话费和牟取暴利",但前文已经出现,这里补充反而使得句子冗余不合法,受语篇的限制形成了"果前因后"的形式。

7.3.1.4 "既然"从句语序表达选择性表现

邢福义(2001)把由"既然……就……"引导的复句分为"据因断果"和"据果断因"两种。例如:

(32) 金融机构也是企业,<u>既然</u>我们允许外国人办企业,<u>也就</u>可以办银行。
(33) <u>既然</u>党组织叫他联系,一定没有问题。

例(32)是"据因断果"复句,符合"果前因后"的事理关系,例(33)是"据果断因"复句,"党组织叫他联系"是因,"他没有问题"是果,这种因果关系与复句在语序的选择上是矛盾的,但在行域、知域、言域中的解读却不尽相同,如果在知域和言域中解读就没有上述矛盾。(沈家煊 2003)这正是说话人对"图形—背景"的转换而造成的,当客观的事理关系和认知中的"图形—背景"相一致时,自然没有矛盾;当客观的事理关系和认知中的"图形—背景"不一致时,就要分析说话人的主观意图,引入语用因素。我们在实际的语料中发现,"既然"在复句中不发生语序的选择变化,这种因果关系的差异有时也很难断定。再如:

(34) 小明既然病好了,就应该来上学。
(35) 小明既然来上学了,病就应该好了。

例(34)中的"小明病好了"是背景信息,句子的语义重心在强调"应该来上学"上;例(35)中的"小明来上学了"是背景信息,句子的语义重心在"推测病好了"上。同样的两个小句,在关联标记的位置没有发生变化的情况下,可以互为因果关系,其中最重要的原因就是语言的主观性,例(34)是事理上的顺承关系,属于行域的范围;例(35)是根据前面的原因对结果的推断,属于知域,这种行域到知域的变化也是语言主观的表现。我们在北京大学 CCL 语料库中检索发现,"既然"引导的分句是不能后置的,黎洪(2012)的调查结果也是如此。可见,"既然"所引导的从句不能后置,但是"既然"和"就"所连接的命题可以进行互换,从而造成"据因断果"和"据果断因"两种语序的产生。

7.3.2 因果复句语序选择性表达的动因

世界上任何事物的变化都可以分为内因和外因两个方面。原因和结果在人类认知心理上的投射会产生不同的结果,人的主观认识和客观实之间不一定总是一一对应的,由因及果和由果推因都符合人的认知规律。我们认为因果复句语序表达选择的内因是语法结构的竞争,外因是语言接触和语体表达的影响。

7.3.2.1 内因——语法结构的竞争和互补分工

原因和结果既相互对立,又相互依存。因果复句语序的选择性表达是客观世界的各种因果关系在人们主观世界中投射的结果,人们对因果关系的认识,是一个主动选择而并非被动选择的过程,体现了人们的主观性原则。沈家煊(2008)指出,语言世界不是直接对应于物理世界,而是以一个心理世界作为中介,语言从物质世界到语言世界的发展过程使得相应的语言表达形式也要有先后顺序上的变化。这种语序上的变化不是突然发生的,而是在句法结构上经历了一种竞争和演化的过程。原因和结果是一对非常复杂的概念,这对概念在人类语言的系统中应该建立得比较早,又表现出一定的复杂性。我们在古汉语和英语中也可以看到这种复杂的表现形式。

"因前果后"被认为是一种语言共性,以往的研究大部分是从语言使用的频率上得出这一结论的。实际上,在上古汉语中,"因前果后"和"果前因后"的两种语序形式都是存在的。例如[①]:

(36) 如有政,虽不吾以,吾其与闻之。(《论语·子路》)

(37) 如有不嗜杀人者,则天下之民皆引领而望之矣。(《孟子·梁惠王上》)

(38) 苟无岁,何以有民?苟无民,何以有君?(《战国策·齐策四》)

(39) 苟能入我国,报子以乘轩,免子三死,毋所与。(《史记·卫康叔世家》)

(40) 仲尼曰:"始作俑者,其无后乎!"为其像人而用之也。(《孟子·梁惠王上》)

(41) 天下匈匈数岁者,徒以吾二人耳。(《史记·项羽本纪》)

例(36)—(39)是"果前因后"形式的复句,在上古时期是比较常见的因果复

---

① 例句摘自杨伯俊、何乐士(1992)。

句;例(40)(41)是"果前因后"形式的复句。前者是更为常见的因果复句。(杨伯俊、何乐士1992;贺阳2008a、2008b)。用不同的句法形式来表达相同的语义关系,这种现象在语言中大量存在,从语言演变和语法化的角度来说,这些不同的句法形式一定会存在竞争,竞争可能会造成多种结果,要么是一种形式完全取代另一种形式并使其消亡,要么是二者在形式上共存,但功能发生分化和转移,各司其职。我们认为,"因前果后"和"果前因后"的形式属于后者,二者相互竞争,最终功能上形成一种互补关系,在语法化的链条上也可以看到这种竞争的局面。

在近代汉语里,也有这种结果分句在前、原因分句在后的情况。例如①:

(42) 所以不能尽其才处,只缘是气禀恁地。(《朱子语类》卷五十九)

(43) 所以今人做事暗暗与古人合者,只为理一故也。(《朱子语类》卷一百三十九)

上面这种原因从句后置时前面会出现语气副词"只",和我们在前面举的现代汉语的情况是一致的。再来看近现代的使用情况。例如②:

(44) 不是我只管要来催,因为要一总拆了修理。(《儒林外史》十六回)

(45) 林妹妹是个多心的人。别人分明知道,不肯说出来,也皆因怕他恼。(《红楼梦》二十二回)

(46) 也不是我坏良心来兜揽你,因为咱们俩是"一条线儿拴俩蚂蚱——飞不了我,迸不了你"的。(《儿女英雄传》四回)

从上面的例句可见,前后分句之间不是一种必然的事理关系,但却存在着鲜明的情理关系,前面的分句都是作为背景信息(旧信息)出现的,并且都是否定的形式,后面的分句主要用来解释背景信息中令人不满意、不愉快的原因并不是说话人主观故意的,而是有原因的,把原因进行"图形"化,通过强调原因的方式来表达说话人的一种主观态度,使得语气表达和缓、为自己留有余地。如果将其还原成"前因后果"复句,复句语义重心和要强调的就是"我只管要来催""不肯说出来""我没有坏良心兜揽你"这种结果,可见,两种语序的复句在语义和语用表达上有着明显的分工。

再来看现代汉语的例子:

(47) 你管他行不行呢? 质量不好,因为干得不认真,知道吗? (贺阳2008a 例)

---

① 例句摘自杨伯俊、何乐士(1992)。
② 例句摘自杨伯俊、何乐士(1992)。

（48）我是饿的，因为昨天就吃了一顿儿饭。（贺阳 2008a 例）

从上面现代汉语的使用情况可见，后置的"因为"从句已经不太可能变回前置的原因从句，贺阳（2008a、2008b）、（黎洪 2012）认为这是一种口语现象，我们在《中国儿童百科全书》中找到了一些用例，说明这种"前果后因"的复句形式已经变成现代汉语中一种常用的表达形式。例如：

（28）赤道上的观测者原则上能看到整个星空，<u>因为他在随地球自转的过程中，几乎能看到所有方向的星星</u>。

这种表意和语用上的需要，再到句法形式上的固化，我们认为这是原因复句语序变异的内因，而这两种语序从相互竞争到功能的分野导致了其在现代汉语中并存的局面。

7.3.2.2　外因——语言接触和语体表达

上面提到，表达因果关系的复句的表现形式存在两种情况：一种是"因前果后"，另一种是"果前因后"。至于哪一种形式是常规语序，语法学界有分歧，大多数学者的观点是前者是常规语序（优势语序），后者是变异语序（优势语序）；少数学者认为"果前因后"的形式是优势语序，主要是基于口语和自建语料的考察。具有代表性的是 Biq（1995）、宋作艳、陶红印（2008）。宋作艳、陶红印（2008）注重语体上的变化和寻求口语信息传递特征的解读。但句法上的强制性和语用再到句法的后果不可忽视。我们认为口语化和"追加"不是因果复句语序变化的诱因，而是功能分工以后的具体表现形式，而诱发"果前因后"这种语序的外在动因是"欧化"的影响和语篇衔接的需要。

实际上，很多汉语语法学家都注意到在汉语复句中从句的后置是一种"欧化"现象，是模仿西洋语法的结果。从上面的分析可以看出，在汉语"因果复句"的两种语序形式自古有之，而且这两种语序在语言中的发展链条从来没有间断过，到了19世纪20—30年代，"果前因后"的语序形式开始大量出现，特别是大量出现在一些翻译的小说中（英译汉），为汉语因果复句"果前因后"形式大量出现提供了催化剂，这种催化剂使得原来使用不那么丰富的"果前因后"形式从不凸显的地位变得凸显。但是要注意的是，"果前因后"形式不是舶来品。从语法接触的角度来说，语音和词汇形式舶来品比较多，但语法形式的直接拷贝却很难，尤其是汉语，对外来语法结构的接受能力并不是很强，因此，很多人认为汉语的语序比较固定。之所以出现大量的"果前因后"形式，最主要的原因是英汉两种语言中都存在"因前果后"和"果前因后"两套语序，才使得翻译英文作品时可以自由转换相应的形式。英语中"because""as"引导的原因从句可前可后，"since"引导的原因从句一般居前,而"for"引导的原因从句要置后。这在语言系统中形成了互补关系,和现代汉语的格局是一致的。

自"五四运动"以来,鲁迅等白话文运动先驱在翻译西方经典著作时强调"直译",认为"文句仍然是直译……也竭力想保存原书的口吻,大抵连语句的前后次序也不甚颠倒"。正是在这种外因的影响下,"果前因后"的形式才大量出现,并且关联词语一般也不隐省。

复句往往出现在语篇中,原因和结果都可能和上下文有承接关系,有时结果从句和上文联系比较紧密。那么,因果复句的语序要服从于整个篇章结构的安排。例如:

(54) 我们不反对使用一部分兵力于正面,这是必要的。但主力必须使用于侧面,采取包围迂回战法,独立自主地攻击敌人,<u>才能保存自己的力量,消灭敌人的力量</u>。再则使用若干兵力于敌人后方,其威力特别强大,<u>因为捣乱了敌人的运输线和根据地</u>。(《毛泽东选集》第二卷)

(55) 老街坊们! 都请坐! 请赵大爷说说,<u>因为夜里的事儿,有人知道,有人还不大清楚</u>。(老舍《茶馆》)

例(54)整个语段叙述的主线是"不能正面和敌人冲突,要采取迂回战术",作为迂回战术的"侧面攻击"和"偷袭后方"都要先出现,但至于为什么做的原因也必须说清楚,因此,"才能保存自己的力量,消灭敌人的力量。""捣乱了敌人的运输线和根据地"两种原因放在后面说,这样,既服从了整个篇章在信息传递上的流畅,又达到了强调凸显理由的目的。

7.3.3　因果复句语序选择性表达的认知机制

"图形—背景"相互转换是因果复句语序选择性表达的认知基础,复句标记的选择是其语序选择性表达的句法手段,说话人的主观性是其语序选择性表达的语用需要。

7.3.3.1　认知基础

语言表达式是基于人们对事物或事件的感知、思辨、整合的结果。外界对大脑的刺激是杂乱的、多样的。人们对它们进行整理的过程中,往往根据认知中的突显性和事物的完整性来组织语言表达。我们认为,因果复句语序的变异的认知心理基础是"图形—背景"的转换。正是因为"图形"具有完整的形状、结构和连贯性,凸显程度高。所以,图形信息往往和凸显程度高、容易引起认知主体注意的断言、新信息相关。从认知的角度来说,"图形—背景"同时存在于知觉场中,但不会同时被感知,图形在感知上比背景更突出,更容易被感知和强调。因果复句中的两种语序方式正是反映了说话人对"图形"和"背景"在主观上的刻意选择。

7.3.3.2 句法手段

从上面的分析可以看到,凡是因果复句在语序上有变异的句子,句法标记上也会做出相应的调整和选择。汉语复句的表达习惯是关联词语要成对出现,因此,对"因为……所以……"进行语序调整,就必须增加标记的复杂度,即"之所以……是因为……",本书第二章专门讨论了标记和标记度的问题,标记越复杂,人们在识解语言的过程中在认知上就越要付出更多的努力,同时,标记度的增加也带来语用上的额外信息。"因为""由于"一般要加上焦点强调标记"是"其所引导的原因从句才可以后置。"既然……就……"在语序上一般不能选择,这是受句法形式本身的制约。

7.3.3.3 语用需要

E. C. Traugott 认为很可能所有的语法化都涉及主观化,主观化可以说是无处不在。她从历时的角度来看待主观化,认为主观化是一种语义—语用的演变,即"意义变得越来越依赖于说话人对命题内容的主观信念和态度"。她认为语法化中的主观化表现在互相联系的多个方面(沈家煊 2001a):

> 由命题功能变为言谈功能;由客观意义变为主观意义;由非认识情态变为认识情态;由非句子主语变为句子主语;由句子主语变为言者主语;由自由形式变为粘着形式。(Traugott 1995)

沈家煊(2001a)指出,语言的主观性(subjectivity)指的是说话人在说出一段话的同时表明自己对这段话的立场、态度和感情,从而在话语中留下"自我"的印记。语言为表现这种主观性而采用相应的结构形式或经历相应的演变过程就是主观化(subjectification)。现代汉语因果复句在语序上的调整正是复句主观化的具体表现形式。因果复句大致有三种情况:因前果后,语序上不能变化;果前因后,语序上不能复原;还有一种就是介于二者之间。这三种情况也对应于沈家煊(2003)的"复句三域":① 行域:事理上的因果关系;② 知域:推理上的因果关系;③ 言域:说明言语行为的原因。知域一般是"顺应事理"的推理,一般会在两种语序之间游离;言域的语义关系可以不顺应事理和一般的逻辑,体现了语言的主观性。

在因果复句中,不同标记形式之间的主观性是有差异的,这也就导致了在语序变异上自由度的差异。另外,正是这种主观性的差异,导致了变异语序出现的语体差异。黎洪(2012)对因果复句进行了语体调查并发现:

> 因前果后:科学>新闻>政治>艺术(诗歌>散文>小说)>口语
> 果前因后:口语>艺术(诗歌>散文>小说)>政治>新闻>科学

"因前果后"和"果前因后"两种形式在语体分布上形成了一种对立互补,两种语序的因果复句通过竞争,句式语法化后达到了在句法分工上的格局。但要注意的是,这种分工只是倾向性的,"果前因后"的语序形式经过长时间的使用和固化也可以作为一种常规的语序被选择使用,我们在上文中所举的一些例子就取自科学文体的《儿童百科全书》。可见,文体并不能制约因果复句的变异,而是因果复句的主观性差异导致了其在文体分布中的差异。

7.4 条件复句语序表达的选择性

关于条件复句的分类,一种观点是三分(黎锦熙 1924;胡裕树 1979;黄伯荣、廖序东 2007);一种观点是二分(王维贤 1994;邢福义 2001;刘月华等 2001)。在二分和三分内部分出来的各小类的名称和标准也不尽相同,有的将假设和条件并立或者归并,有的将无条件取消或者归并到转折类让步小句中,还有的认为"如果……就……"表充分条件。不管从形式还是从逻辑语义出发,各家观点都各有分歧,但可以把条件具体分为"充足条件""必要条件"和"无条件"这一点是基本一致的。因此,本节主要考察有标记的这三类条件复句语序表达的选择情况。

7.4.1 充足条件复句语序表达的选择性

条件句有偏句和正句之分,偏句提出条件,正句表示在满足条件的情况下所产生的结果。充足条件一般用"只要""一旦"等引出,正句一般用"就""便"等词语关联。语序通常是偏句在前、主句在后的方式。例如:

(56) 搞科研不能有门户之见,都是中国人,只要对祖国的事业有利,不存在白送不白送的问题。

(57) 东北虎捕捉猎物时常常采取打埋伏的办法,悄悄地潜伏在灌木丛中,一旦目标接近,便"嗖"地窜出,扑倒猎物,或用尖爪抓住对方的颈部和吻部,用力把它的头扭断。

例(56)中的条件和结果有着紧密的联系,这种"前提条件"必须充当背景信息,才能引出结果;例(57)中的"一旦"引导的条件在事物发展的时间链条上必须处于"背景信息"的地位,否则,后面的结果也不会发生。值得注意的是,这些例子都是典型的条件复句,条件分句后置句子的可接受度是不一样的。试比较:

(56)' 搞科研不能有门户之见,都是中国人,不存在白送不白送的问题,只要对祖国的事业有利。

(57) '＊东北虎捕捉猎物时常常采取打埋伏的办法,悄悄地潜伏在灌木丛中,便"嗖"地窜出,扑倒猎物,一旦目标接近,或用尖爪抓住对方的颈部和吻部,用力把它的头扭断。

　　"只要"引导的条件句可以后置,而"一旦"却不可以。我们在 CCL 语料库中进行检索和甄别之后发现,"只要"引导的条件句确实可以后置,而没有发现"一旦"引导的从句后置的情况。例如:

(58) 得到这些东西后,不管值多少钱,我都全立即给了别人,只要能换来钱。

(59) 希望我们的编导演等主创人员都非常自信!"不怕你坐不住,只要你走进影院。这故事,是我的,也是你的!"

(60) 一些框框该突破的还得突破,只要有利于发展。

(61) 发展与生存本不应该成为"悖论",大自然的自我恢复能力是巨大的,只要人类给她以喘息的机会。

　　王春晖(2010)认为,条件小句前置是汉语条件句的优势语序,因而认为后置的条件句的动因是出于"事后追补"和篇章连贯的需要,黎洪(2012)认为,条件句后置一般都出现在口语之中。我们觉得有些问题还可以进一步讨论:① 例(60)—(61)都出自"报刊""文选"等比较正式的书面语中,而非口语语体;② 例(56)—(61)中的条件从句变换到结果从句的前面不自由,变换之后会影响整个句义的表达和信息传递的流畅;③ 复句的表达往往和单句的表达不同,书面语的书写有充足的准备时间,不存在信息流挤压的问题;④ 持"条件句后置是一种口语中的追加信息"这种观点注意到了句子成分移位的语用因素,但忽略了这种语用法的语法后果。既然语料中大量出现条件后置的情况,就说明其有着句法和认知上的动因,就是"图形—背景"的相互转化。这种转化是人在语言表达上的主观刻意,因此,条件从句被"图形"化以后其主观性也就增强了,而这种主观性的增强在语体中也有相应的表现形式,而非是语体制约了语序的变动。

　　在语序的变动上,表示条件关系的"只要""只需""一旦"存在着很大的差异,只有"只要"引导的条件句可以后置,而其他关联词语不可以,这是语言的主观性和句法的强制性互相制衡的结果,同时体现了在句子表意功能上的分工。

7.4.2　必要条件复句语序表达的选择性

　　和表充足条件的复句一样,"只有""除非"等引出实现结果的唯一条件,属于偏句,要位于主句的前面,结果句一般用"才"关联。例如:

(61) 形式美像一件漂亮的外衣,但只有附在一定事物上,表现内容时才是美

<u>的。美的事物总是内容美和形式美的统一，形式是为内容服务的。</u>

（62）不要任凭一时的感情冲动就去追求异性。世界很广很大，<u>只有当你对整个世界比较了解之后，你才会知道自己需要什么</u>，要把选择的机会留给将来。

（63）做不到，就一贯要两面派。我相信没有哪个孩子心理能和行为同步，<u>除非你不老实，在某些时刻隐藏自我</u>，那<u>才</u>有可能使自己像个大人——完美的人。

（64）<u>除非萨德尔的支持者放下武器，临时政府才有可能和萨德尔进行谈判</u>。在此之前，阿拉维于 7 日向萨德尔发出了邀请，希望他参加明年的伊拉克大选。

　　从上面的例句可见，"只有"和"除非"都表示必要条件，但对逻辑上先后次序的选择性是不同的，"只有"连接的条件从句只能居前充当背景信息，如例（61）（62）；而"除非"引导的条件从句有的不可以后置，如例（63），有的可以后置，例（64）中的"除非"从句受制于语篇衔接不能后置。

　　我们对 CCL 语料库进行检索和甄别后发现，"除非"引导的条件从句后置大量存在，而没有发现"只有"连接的条件从句后置的情况。例如：

（65）普通合伙人对外转让财产份额时须经其他合伙人一致同意，<u>除非合伙协议另有约定</u>。。

（66）中国高技术国企将进一步成为高技术三资企业的人才培养基地，<u>除非中国能够及时改革有关的管理制度</u>。

（67）她老泪纵横地说："不管怎么说，娃儿是我的，要带他走，<u>除非要了我的老命</u>。"

　　"除非"引导的从句居前时表示一种前提，而当其置后时，往往带有一种情态义，表达一种主观语气，例（65）中的"除非合伙协议另有约定"为例外留有余地；例（66）表达一种与预期不符的不满语气，"中国高技术国企应该培养的是国企的高技术人才"，现在反倒成了三资企业的人才培养基地，这说明中国企业改革的管理制度有缺陷，想要改变这种局面，就必须从改革制度开始；例（67）表达一种强烈的语气，明显地能够看出这句话的意图在强调"除非要了我的老命"，可是这是不能的，以此来表明"不能带走我的娃"的坚决态度。说话人将"除非"引导的从句后置，不是因为来不及说，而是必须要指出的条件，是凸显和强调的内容。

　　我们再来看篇章衔接对条件复句语序的影响，例（64）中的"在此之前"指的是

"在谈判之前",是承接上面的结果从句而来的,因此不能选择变换语序。条件从句后置也有篇章衔接上的要求。例如:

(68) 他不能也不愿他的国家卷入一场对南斯拉夫人的战争中去,<u>除非他们攻击我们</u>。在那种情况下,我们才有理由用盟国的军队把他们打退到足够远的地方,以防止再发生任何侵略。(《第二次世界大战回忆录 第六卷 胜利与悲剧》)

从例(68)来看,"除非他们攻击我们"有承上启下的作用,不是一种追加的信息。如果说话人认为条件是一种背景信息,就采用"除非"倒置的方法,这也是一种标记的选择,可见标记在语序调节中的重要作用和价值。这种倒置的形式不是次要信息,也不是补充信息,是说话人一种主动的选择,表达特定的主要意图,达到凸显条件的效果。另外,后置的"除非"句含有言外之意,带有一定的语气。

表必要条件的"只有"和"除非"在语序的选择上也形成了一种互补对立的关系,"除非"引导的条件句可以后置,而"只有"不可以,这也是句法和表意功能上分工的具体表现形式。

7.4.3 无条件复句的语序表达的选择性

无条件也表示一种条件关系,汉语中表示无条件的复句常常用"无论(不论)……都……"来连接前后分句。我们在 CCL 语料库中检索甄别后发现,无条件复句中,有的条件从句不可以后置。例如:

(69) 秘鲁人为母亲庆祝节日的流行方式。在母亲节这一天,城里的餐馆,<u>无论是中餐馆还是当地风味的餐馆</u>,几乎都爆满。如不事先预定,外出就餐就很难等到位置。

(70) 陈水扁在行动上不承认一个中国的原则,真正拿出诚意来改善两岸关系,<u>无论他变幻出什么新的花样和漂亮说辞</u>,都将是徒劳的,台海局势也不可能有和平与稳定的前景。

上面的例句有三个特点:条件分句在语言编码上多于结果;结果分句的主语(主题)蕴含在条件分句中;条件句不能后置。分句表示无条件的结果和条件一般情况下是不能够互相调换顺序的。下面再来看条件从句后置的情况。例如:

(71) 大卫·斯特恩(NBA 联盟主席):我们真没多少时间可以交谈,<u>无论是在奥林匹克还是亚特兰大的全明星赛上</u>。

（72）因为那样的话,防守不会挤压到我这里。联赛中没有人想给格兰空档,
     <u>无论他离篮筐有多远</u>。我们连胜 5 场,在这 5 场比赛中,格兰拿了 27 个
     三分球中的 14 个,这绝不是巧合。

（73）新概念开始被国内工业所取代,新概念指的是在本国注册并且纳税的企
     业,<u>无论其所有者国籍如何</u>。

（74）以至于他想,这都是他的心做了点什么,这点什么一定产生它的结果,<u>无
     论在多么遥远的将来</u>。

和例(69)(70)不同的是,条件和结果的主语不相同,也就是说,二者所在分句
陈述的对象不同,但在整个复句内相关联,两个分句在句法上相对独立,这就给"图
形—背景"的相互转换提供了语法条件。我们认为,例(71)—(74)中,结果分句整
个语段中服从了主要信息安排的主线,但在复句内部,条件分句的后置仍然表示强
调和凸显条件的重要性。

7.4.4 语序表达的选择性和标记的互动

从整体上来说,条件复句的语序表达的选择性和标记的隐现是一种对应关系。
条件从句居前的复句一般主句都需要"就""才""便""都"等副词来承接主句,但
如果条件从句后置,"就""才""便""都"等这些关联标记就不再出现,这种标明从
句之间关系的关联词语的隐退,自然要凸现一种主观情态,就是在复句内部强调和
凸显条件的重要性。和因果复句一样,条件对于说话人来说,有时不只是一种背景
信息,并不是说话人要凸显的内容;有时条件又显得特别重要,说话人想要凸显条
件的重要性,就要选择调整语序,将条件放在重要的位置上,作为一个语段来讲,越
到后面的内容越重要,是说话人想要凸显的信息,根据这个原则,说话人主观上刻
意将条件句后置,起到引起关注的效果,这也是上面所说的"图形—背景"的转化,
使得"图形"背景化,"背景"图形化,这种凸显的隐退实现了说话人的主观意图。

另外,条件复句内部语序的变异也是不均衡的:

充分条件复句语序的变异:只要>一旦

必要条件复句语序的变异:除非>只有

无条件复句语序的变异:主从句主语不一致>主从句主语一致

这个序列说明,句法规则的强制性和语言表达的灵活性之间是一种相互制约
的关系,句法规则强制性使得不是所有的条件都可以选择语序,而语言表达的灵活
性又促动语序根据说话人主观表达的需要发生变化,但必须是有选择性的,这种选
择性最终造成了条件句通过语序的变动来表达不同语用功能的分工格局。同样,

这种语用表达的需求也会造成条件句在语体分布上的差异。

7.5　假设复句语序表达的选择性

吕冀平(1959)认为,假设分句和原因分句放在后果分句之后,就有了追加的性质。按照上文的论述,我们认为假设分句的后置不是追加,而是凸显和强调。按照一般的逻辑关系来说,假设的命题一定是在前面,这种假设的命题有可能是客观世界存在的,也有可能是人的主观世界想象的,这都和说话人的主观认定密切相关。因此,当表示假设关系的关联词语放在复句的前一个分句的时候,后面的分句往往要用"就"来承接,否则,句子不成立。下面主要考察"如果""假如""假若"等所在假设复句中语序的选择性表达情况。

7.5.1　假设分句后置

假设分句居前、结果分句居后是常规语序。先来看假设分句后置的情况:

(75) 也许这戏谑还要发展,<u>如果不是杜竹斋匆匆地跑了进来</u>。

(76) 但一个人而至于乏到自己打嘴巴,也就很难免为别人所打,<u>如果世界上"打"的事实还没有消除</u>。

(77) 只有将女人看作"玩物",才真是蔑视呢;<u>即使是在所谓的"恋爱之中"</u>。

我们在 CCL 语料库中检索发现,假设复句语序表达的选择性也是有着明显差异的,"如果"和"即使"引导的假设从句可以后置,而其他关联词语引导的假设从句不可以后置。这和我们在上面讨论的其他复句的情况是一致的,说明语序的变异是有选择性的,因为语言的表达必须受到句法规则的制约,有些形式无法超越规则的限制,只能保持原有的用法,二者之间形成一种互补的态势,使语言表达更加丰富和灵活。当假设从句后置时,不再需要表示承接关系的关联词语"就",复句在标记上做出的调整,使结果从句"背景"化,条件从句"图形"化后得到凸显。

7.5.2　与"的话"搭配的选择性后置

语序的选择性表达往往伴随着标记的移动或者删除。如果增加主观性标记,假设复句都可以选择后置。例如:

(78) 不知怎的,我挺同情她的,我甚至想娶她做老婆,<u>如果她愿意的话</u>。可是,遗憾的是我产生这个念头没到一个月,她就莫名其妙地失踪了。

(79) "对于自己感觉好的事情,还是要亲自去印证,<u>如果有可能的话</u>。"小黄这样解释他贸然前往上海的举动。

（80）我可以孤单地生活，<u>要是自尊心和客观环境需要我这样做的话</u>。我不必出卖灵魂来购得幸福。

（81）但依照节序说，当我们的车朝着曲折的山路上驶时，时间便步步地往后退，在五十分钟内，后退了不止五十天——<u>要是以一百英尺代表春季一天的行程来计算的话</u>。

（82）商量的结果，同意的是他们不能出版我的全书，但是愿意出版一本比原书薄得多的书，<u>假如我肯把我的材料缩减到原来的三分之一的话</u>。

（83）没想到做稽查长这么啰唆，差事不算很甜：也不算苦来，<u>假若八十元办公费都归自己的话</u>。

从上面例子可见，如果假设小句的句尾加上"的话"，假设从句中各小类无一例外地都可以后置，"的话"的作用主要是：（一）语气和语调是句子独立性增强的手段，"的话"使得假设从句在句法上具有完整的语气，因此，假设句的独立性增强，可以后置；（二）"的话"和语言的主观性表达是一致的；（三）从类型学上，语言中标记性越强的语言其语序就越自由，表示假设关系的关联词语在复句的连接中已经可以满足句法的需求，加上"的话"使得语言的标记性增强，其语序更加自由，有"的话"的假设分句可前可后；（四）带"的话"的假设分句后置的复句更加强调假设条件，使假设条件"图形"化，同时也符合汉语尾焦点的规则。这说明标记和语序的互动关系，标记的选择有时可以突破句法的限制，从而突显说话人主观表达的语用意图。

7.5.3　假设分句后置和主观性

语言在交际过程中一定会带有主观性，假设复句也不例外。语言是主客观的产物，在表达条件和结果的联系时，往往超越逻辑范畴，带有主观色彩。"条件小句似乎天然就具有一种对比性"，任何一个条件小句都是从可能世界的聚合群里选择出来的，这种选择是说话人对各种可能世界进行对比之后的选择，王春辉（2010）指出，这种对比性的特征在认知心理上可以得到凸显，因此，在语言的线性序列中可以调整它的位置。这一点在英语中也有表现。例如：

（84）when they parted at night, she would have felt almost sure of success if he had not been to leave Hertfordshire so very soon.(Pride and prejudice, 贺阳2008a 例）

英语中的假设分句可前可后。从例（84）可见，英语的假设分句除了具有关联标记"if"以外,句子的情态也是有标记的,即假设分句必须采用虚拟语态"he had not been to leave"。正是由于这种强标记性,假设分句才可前可后,当句子前面有时间状语从句"when they parted at night"的时候,假设分句就很自然地移到后面,使得篇章结构更加合理。

王维贤等(1994)指出,一切表示逻辑语义关系的关联词语表示的都是客观事物间的关系在人的认识中的反映,都含有人的主观认识因素。假设句建立在不确定性判断基础之上,主观性尤其强烈。由于人们对不确定性程度的判断本身就是主观的,往往导致不同人做出的假设不同,而对同一个假设的假想程度的判断也因人而异,所以,在使用假设句时,人们会选择不同的词语、句式或语气。因此,如果不加标记,汉语假设复句的语序表达的选择性不均衡,但在主观标记的作用下,假设从句就无一例外地可以后置。

7.6 转折复句语序表达的选择性

汉语学界很早就对转折复句有所关注,如马建忠(1898)、黎锦熙(1924)、王力(1943)、吕叔湘(1944)。吕叔湘(1944)最早提到了转折复句中语言心理上的因素。胡裕树(1995)指出,在转折关系中,说话的人心目中有一个预设:如果出现甲事,就会出现乙事。而句子说明的事实是:出现了甲事,乙事却不能成立。因此,尽管承认偏句中所陈述的事实,但表意的重点总是放在正句上。刘月华(2001)、邢福义(2001)[①]、邵敬敏(2007)也持类似观点,只是表述上略有差异。可见,转折复句有主从之分,一般情况下转折词语连接的小句是复句表达的重心所在。转折复句有两种句法表现形式:一种是关联词语成对出现,如"虽然(尽管)……但是(可是、却)……"等;另一种是转折词语单个使用,如"但是、但、可是、可、然而、却、只是、不过"等。后者所连接的分句在转折复句的后面,具有强制性。而在转折复句中经常用于连接从句的"虽然""尽管"可以变换位置,使得从句后置。下面主要对这两个关联词语所在复句语序的表达进行考察。

7.6.1 "虽然"句后置

后置的"虽然"句一般不能还原。例如:

(85) 但是,在这个会议上用不着来宣传个人的思想意识和各国的政治制度,
     <u>虽然这种不同在我们中间显然是存在的</u>。

---

① 邢福义的分类更加细致,体现了转折复句语义上的复杂性。

（86）无论场上还是场下，这是另一个我不能拍电影的原因，<u>虽然已有人发出邀请</u>。我演不好戏，也无法找到替身。

（87）这证明人们已经知道，一朔望月的长度应略大于 29.5 日，这是对朔望月长度测算的一次重大进步，<u>虽然此时对连大月的安置尚无一定的规则</u>。

例（85）—（87）都不能复原成"虽然……但是"的形式。典型的转折复句主要表示和说话人心目中"如果出现甲事，就会出现乙事"这种预设相反的情况。按照程度的差别，又有重转和轻转之分。重转的情况语序不能轻易选择变换，而轻转的情况可以发生语序的选择变化。例（85）—（87）都是轻转的情况，这种语序上的调整有两种功能：一是使前面分句的表述更加严密，二是强调"虽然"后面的情况并不是前面分句的前提。

7.6.2　"尽管"句后置

我们再来看"尽管"句后置的情况：

（88）让我听歌，那曲子一听我就喜欢。我觉得这 1.5 万花得真是太值了，<u>尽管这几乎花光了我所有的积蓄</u>。果然，杨名笑眯眯地说，你知道我为什么可以接受你这么低的价格吗？

（89）对没上大学这件事还是蛮失落的。其实我是上海一所大学的荣誉学生，<u>尽管一天课都没上过</u>。我还是希望进大学，也许我退役后去吧，去学国际商务关系，或者类似的专业。

例（88）（89）不能变换成"尽管……但是"的形式，从新旧信息的角度来说，"尽管"后面提供的信息更新，是说话人通过突显这种客观情况，表达一种主观上的情感，例（88）中"尽管花光了我所有的积蓄"突显说话人认为物有所值的程度；例（89）中"尽管一天课都没上过"凸显说话人的一种遗憾情绪，同时为下文的衔接做铺垫。

7.6.3　转折复句语序选择性表达的认知动因和机制

7.6.3.1　"图形—背景"的转换和句法结构的临摹

认知世界是对客观世界能动的反应，在一般情况下，主观世界和客观世界保持一致，转折复句的语义重心往往在后面的小句上，体现了由背景信息到焦点信息的语序安排。但根据说话人的意图，"图形—背景"的关系转换以后会造成句法上的变化，以往的研究更多的是关注这种过程的变化，没有注意到这种语用的表达带来的句法后果，说话人的主观性还要受到句法规则的制约，因此，在转折复句中，只有

"虽然"和"尽管"引导的分句可以后置。在常规语序里,"虽然"和"尽管"引导的分句都是作为背景信息出现的,而其他形式的转折复句的表现形式都是转折项居后,"虽然"和"尽管"引导的从句后置以后变成凸显的焦点信息,是句法临摹的后果。

7.6.3.2 篇章衔接和转折复句语序选择性表达的互动

前文论述中涉及的几种复句语序的选择变化都和篇章因素有关,篇章因素对常规语序和变异语序都有影响,这也取决于说话人主观的表达意图,同时体现了语言表达的经济型原则。例如:

(90) 如果仅仅为了这么点事而牺牲爱情,那么这样的爱情我宁可不要,<u>虽然我曾经那么真那么痴地爱着她</u>。爱情,你究竟是怎么一回事?

在例(90)中,我们看到有两层复句关系:一层是条件复句:如果仅仅为了这么点事而牺牲爱情,那么这样的爱情我宁可不要;另一层是转折复句:虽然我曾经那么真那么痴地爱着她,但为了这么点事而牺牲的爱情我宁可不要。"这样的爱情我宁可不要"既是前一分句的结果从句,又是后一小句的转折从句。在条件从句中,"这样的爱情我宁可不要"是语义中心,是焦点信息;在转折复句中,"这样的爱情我宁可不要"是旧信息被"背景"化,使得"虽然我曾经那么真那么痴地爱着她"得到突显,这种在篇章中"图形—背景"的自由转换既是语言表达主观性的体现,又遵循了语言表达的经济性原则。

7.6.3.3 "欧化"和"白话"运动对复句语序选择性表达的影响

贺阳(2008a)认为语序的变异是受到"欧化"的影响,特别是通过对旧白话作品的考察发现,主从复句中的从句无一例外地都位于主句之前,这说明在五四运动前的旧白话中,对转折复句而言,从句前置是一条约束力很强且几乎没有什么例外的语序规则。20 世纪 20—30 年代,在鲁迅、周作人、巴金、老舍、矛盾、冰心、沈从文、朱自清、毛泽东等的作品中,转折复句中从句后置现象在汉语书面语中已较为普遍。贺阳(2008a)认为在这种作为大众语言范本的"典范的现代白话文著作"中普遍出现从句后置现象,势必会对现代汉语书面语主从复句语序规则的变化产生显著的推动作用,从而使这一新兴的语法现象以更快的速度在全社会扩散开来。并从考察翻译作品中证明从句后置是"欧化"的结果。我们认为,白话文运动和"欧化"对转折复句语序选择变化起到催化剂的作用。因为在古汉语中从句后置的现象就存在,而不是从外语中借鉴来的。例如:

(91) 不可。已赖其地,而又爱其实,忘善而背德,虽我必击之。弗予,必击我。(《国语》)

(93) 赏不当,虽与之必辞;罚诚当,虽赦之不外。(《吕氏春秋》)

另外,贺阳(2008a、2008b)所提到的这些作家大部分是白话文运动的倡导者和实践者,他们精通古汉语和白话文,在把古汉语转化成白话文的过程中自然会激活从句后置的表达方式。

7.7　目的复句语序表达的选择性

王春晖(2010)通过跨语言统计提出一个小句前置或后置于主句的连续统:

条件　　时间　　原因　　结果 / 目的
◄─────────────────────────────►
前置　　　　　　　　　　　　　　后置

可见,目的从句后置是语言共性特征,具有普遍性和强制性。我们在统计语料的时候也发现,由"省得、免得、以便、以求、借以、好让"引导的目的从句都必须后置;"为了"连接从句时要放在句首,但语序不可以发生变化。① 例如:

(95) <u>为了全面抓住军权</u>,他先后搞倒了总政治部主任谭政,又诬陷并搞倒了总参谋长罗瑞卿。

虽然"为了"引导的目的从句不能后置,但我们在语料中发现,有一种目的从句后置的形式和"为了"是有关联的。例如:

(96) 有一次,各路将领在袁绍的大营开会,曹操对大家说:"<u>大家起兵,为的是讨伐董卓</u>。现在董卓劫走天子,烧毁宫室,全国人心惶惶。这正是消灭逆贼的好时机,为什么还要犹豫不决呢?"

(97) 宰相房玄龄把这番话告诉了唐太宗。唐太宗笑着说:"<u>朝廷设置官员,为的是治理国家</u>,应该选拔贤才,怎么能拿关系来做选人的标准呢?"

(98) 租房,他们就可能攒下一笔钱,有些<u>年轻人结婚后仍和父母住在一起,为的是让老人照料他们的孩子</u>。

(99) 在美籍华侨沈坚白、郭志娴夫妇的资助下,<u>孤身一人来到美国旧金山,为的是学习西方先进的花木栽培技术,实现他弘扬中国盆栽和盆景艺术的理想</u>。

上面画线的部分和"为了"引导的目的复句有转换关系。试比较:

(96)' 为了讨伐董卓,大家起兵。

---

① 还有介词"为了"也表示目的,如"他一生的追求,一生的奋斗,都是为了人民的利益,为了祖国的富强,为了最终实现共产主义这一崇高的目标。"这里的"为了"出现在单句中,不在复句考察之列。

(97)'为了治理国家,朝廷设置官员。

(98)'为了让老人照料他们的孩子,有些年轻人结婚后仍和父母住在一起。

(99)'为了学习西方先进的花木栽培技术,实现他弘扬中国盆栽和盆景艺术的理想,他孤身一人来到美国旧金山。

从上面的分析可见,目的复句的主从分句之间是可以进行语序选择变化的,但受到句法规则的限制比其他复句要强,典型范畴里的目的复句语序都比较固定,为了表达说话人主观强调的意图,汉语中发展出一个新的目的标记"为的是",带有"是"的成分可以在句法上将其所在的句子进行"图形"化,从而使后置的目的分句得到凸显,其认知心理基础同样是"图形—背景"的转换。

7.8　小　　结

本章从"图形—背景"理论出发,详尽考察了现代汉语复句语序表达的选择性。可选择表达的情况如下:

因果复句:之所以……是因为,"是因为"往往与一些情态标记共现("就""归根结底""仅仅""一定程度上");因为;是由于

条件复句:只要;除非;无论(主从句主语不一致)

假设复句:如果;即使;如果/要是/假如/假若……的话

转折复句:虽然;尽管

目的复句:为的是

通过具体的考察和分析,我们得出以下结论:"图形—背景"的相互转换是复句语序选择性表达的认知心理基础,这是人类语言的普遍共性;增添标记是语序表达选择的句法手段;后置的从句不是"追加"和"补充"的信息,而是说话人刻意通过变换语序凸显的内容,体现了主观性的认知动因;"欧化"是复句语序选择性表达的外在动因,而不是决定因素,因为古汉语中也存在复句语序表达的选择性情形;以往的研究认为篇章衔接和语体制约复句语序的选择性表达,我们认为,正是由于复句语序的表达是有选择性的,因此形成了和常规语序对立互补的局面,这种句法表义上的分工导致其对语体的选择和在篇章中的衔接功能的浮现;复句语序选择性表达的句法后果值得关注,即非常规的复句语序表达具有独特的功能和语用价值,在复句系统中形成一种比较固定的用法,这也正好印证了吕叔湘(1986)指出的汉语语序固定和灵活之间的互动关系。

结　语

任何一种语言的语序不管是固定还是灵活,都有一定的规则,这种规则在某种程度上体现一定的静态性,否则,这种语言的结构就无从描写,更无法进行母语和非母语的教学。同时,语言又要反映纷繁复杂的客观世界,而客观世界和语言的表达并非严格对应,因为要通过认知的加工语言符号的序列才得以呈现。这又反映了语言表达的动态性。这种动态性是人类对语言进行刻意的改造以期达到特殊语用表达的目的,但必须在遵循静态的句法规则的基础上完成。因此,静态的语序规则是语言表达的基础,动态的语序规则是在此基础上对语言规则的主动改造,改造后的结果有可能是一种临时现象,有可能对句法规则产生一定的影响从而凝固下来。

本书从形式入手,运用认知语言学理论,选择与句法成分、句法结构以及复句语序表达相关的语法形式为考察对象,注重挖掘语序三个平面之间的关联性,探求现代汉语语序选择性表达的动因和机制。除了绪论和结语,全书包括六个专题研究,安排主要基于以下几点认识:(一)语序不是一种自足的句法手段,同时,语序可以从句法、语义和语用三个平面进行研究,这三个平面之间可以通过句法标记的删减形成关联模式,从而实现语言表达的灵活性,第一和第二专题讨论这个问题;(二)句法结构不是一个绝对严密的系统,是有空位的,这就为语序表达的选择性提供了可能,第三、第四专题探讨了这个问题;(三)从形式上来说,句子的空位大体可以分为前和后,句法成分通过语法化前移到句首的位置从被认为是一种语用现象到被纳入语法规则中(如"宾语"的移位现象被纳入受事主语句的研究中,"疑问代词的移位""一量名"的移位被纳入话题的研究中),而句法成分的后移往往被看作一种信息的挤压或者临时的语用现象,如果承认前移的是一种语法规则,后移的也应视为一种语法规则,第五专题讨论了这个问题;(四)语序的变化不是一种被动的选择,而是说话人为了表达特殊的语用目的而刻意选择的一种表达形式,这种表达形式在遵守句法规则的同时,又可以突破句法的限制,从而实现语言表达形式的多样性和灵活性。第六专题探讨这个问题,具体如下:

第一个专题是标记与语序表达的三个平面研究。该专题基于标记理论,对"把"字句的标记等级进行研究,发现标记度和语序之间对应关系的连续统为:句法语序>语义语序>语用语序(标记度强)。在这个体系中,我们可以动态地、分层次地整体看待"把"字句的特点:"处置"义和"致使"义既有联系又有区别,二者在句法层面、语义层面和语用层面通过标记度的调节"各司其职";在一种语法结构内部观察语序的三个平面,建立三者的关联模式,指出它们之间是一种动态的选择互动关系;这种标记模式对于汉语中其他的语序现象也具有解释力,通过"被"字句的分析来检视这一结论,表明标记度越高,越倾向于语用语序的认知解读。

第二个专题是"限定性成分+NP"结构语序表达的选择性研究。该专题基于可及性理论,以"人称代词+数量/指量成分+指人 NP"结构为例,通过描写和解释人称代词和数量/指量结构共现时的语序特点及理据,阐释"人称代词+数量/指量成分+指人 NP"结构的可及性和对句法、语用语序的选择差异,探究它们之间的互动关系,得出语序研究三个平面的标记模式:语义上表有指的"限定成分+NP$_{关系}$"结构往往分析为偏正关系,这种偏正结构常常做句子成分,而语义上表类指的"限定成分+NP$_{身份}$"结构往往分析为同位关系,这种同位结构往往在句法、语义和语用上都不自足,常常在话题的位置出现,这在语序的选择上体现了句法、语义和语用的互动关系。制约话题解读的认知理据是指称结构的可及性差异。

第三个专题是现代汉语可离析结构语序表达的选择性研究。该专题基于构式理论,对现代汉语中可以离析的两种特殊结构语序的选择性表达进行描写和解释。通过分析发现现代汉语可隔开的双音节"V+Rv"结构有异于其他动结式,其中,V兼具[+自主]、[+他动]、[+引导性]的语义特征;Rv 兼具[+自动]、[+相对自主性]的语义特征;O 具有[+人类]和[+受事]的语义特征,隔开前后的"V+ Rv"的意义也不相同。表约量的"多"与数量结构配合可以形成两种形式"N+多+M"和"N +M+多","N+多+M"表示的约量范围限制在"多"前面的位数的最值内;"N+M+多"表示的约量范围在"一"以内。通过对"多"的准数词性的确定,说明了之所以形成"N+多+M"和"N+M+多"的原因,而且出现在"N+M+多"中的量词要具有[+规格(量)相对确定]、[+拆分性]的特征。"N+多+M"和"N +M+多"后接名词的情况是与数量结构表确定数量时后接名词的情况相对应的。可隔开双音节动结式和表约量的数量结构语序的选择性表达说明语序的变化和构式之间的互动关系,体现了语言表达可以在语法规则和主观调控下进行选择。

第四个专题是现代汉语焦点游移的选择性研究。该专题基于焦点理论,对现代汉语强调句有关的语序表达问题进行考察,认为焦点标记"是……的"对句法成分的强调是有层次和程度差别的;"是"和"的"位置的不同会导致句子是否合法以及造成表义上差异的同时,存在功能上的中和。通过分析发现,"是……的"对不同句子成分进行焦点化的能力是不同的,即使在有标记的情况下,通过句子重音,焦点仍然可以游移。这体现了焦点在语序表现上的选择性和灵活性。另外,"是"

和"的"的隐现说明,语言使用者在不同的语言环境中,往往根据表达的需要和对表达信息的主观态度,从语义真值相同的各句位变体中选用不同的表达形式。

第五个专题是现代汉语移位现象及其语法后果研究。该专题基于信息理论,从一个新的视角审视现代汉语"移位"现象,指出"移位"是一种动态的变化形式,这种表达形式会由一开始的"不自觉"慢慢凝固为一种语言表达习惯,从而影响句法结构。这种移位现象从语用层面对句法规则产生影响,即移位造成的语法后果是形成句末话题焦点、句末话语标记和句末语气焦点。这样分析有两点意义:一是在前人研究的基础上,为移位的句法后果提供了一条可遵循的路径,同时指明了一个终点,是一种动态的研究;二是遵循了语法研究要兼顾意义和形式的原则,从语用分析又回到句法。

第六个专题是现代汉语复句语序表达的选择性研究。该专题基于"图形—背景"理论,发现有标记的现代汉语复句常规语序变为非常规语序表达是有选择性的,大体情况为:

因果复句:之所以……是因为,"是因为"往往与一些情态标记共现("就""归根结底""仅仅""一定程度上");因为;是由于

条件复句:只要;除非;无论(主从句主语不一致)

假设复句:如果;即使;如果/要是/假如/假若………的话

转折复句:虽然;尽管

目的复句:为的是

通过分析指出,"图形—背景"的相互转换是复句语序选择性表达的认知心理基础,标记的增减是语序选择性表达的句法手段。通过后置的从句不一定是"追加"和"补充"的信息,而是说话人刻意通过变换语序凸显重点强调的内容。正是由于复句语序的安排是有选择性的,因此形成了和常规语序对立互补的局面,这种句法表义上的分工使其对语体的选择和篇章衔接功能得以浮现。

本书的研究属专题性质,可能在系统上还不够完善,例如,制约现代汉语语序选择性表达的认知规则之间是什么关系还需进一步深入讨论;文中的某些假设性观点还需进一步验证。另外,第一、二、三、六章节中部分内容经过修改已在不同刊物和论文集中发表,有些论述为了全书的体系保持一致未做变动。

参 考 文 献

安玉霞　2006　《汉语语序问题研究综述》,《汉语学习》第 6 期。

毕罗莎、潘海华　2019　《信息结构理论与汉语双宾结构的内部差异》,《外国语》第 1 期。

北京大学　1955、1957 级语言班编　1996　《现代汉语虚词例释》,商务印书馆。

蔡金亭　2001　《Jokobson 的语言标记理论：成就和不足》,《外语学刊》第 2 期。

曹德和　2005　《汉语句序排列规律》,《中国语研究（日本）》第 47 期。

曹秀玲　2010　《从主谓结构到话语标记——"我/你 V"的语法化及相关问题》,《汉语学习》第 5 期。

陈　平　1994　《试论汉语中三种句子成分与语义成分的配位原则》,《中国语文》第 3 期。

陈　勇　2002　《语言学研究中的标记理论》,《外语研究》第 6 期。

陈　忠　2006　《认知语言学研究》,山东教育出版社。

陈昌来　2000　《现代汉语句子》,华东师范大学出版社。

陈建民　1984　《汉语口语里的追加现象》,《语法研究和探索》（二）,北京大学出版社。

陈景元　2012　《复指结构"人称代词+一个 NP"的语义认知解读》,《内江师范学院学报》第 1 期。

陈景元　2020　《新兴评价构式"A 甩 B+X 条街"》,《新疆大学学报（哲学人文社会科学版）》第 5 期。

陈巧云　2000　《动词做结果补语情况探析》,《新乡师范高等专科学校学报》第 3 期。

陈望道　1932/2008　《修辞学发凡》,复旦大学出版社。

储泽祥、陶伏平　2008　《汉语因果复句的关联标记模式与"联系项居中原则"》,《中国语文》第 5 期。

崔希亮　1995　《"把"字句的若干句法语义问题》,《世界汉语教学》第 3 期。

戴浩一　1988　《时间顺序和汉语的语序》,《国外语言学》第 1 期。

戴浩一　1989　《以认知为基础的汉语功能语法刍议》,《功能主义与汉语语法》(戴浩一、薛凤生主编),北京语言学院出版社。

代丽丽   2016   《表否定的构式"什么+X"分析》,《语言研究》第 1 期。

邓川林   2018   《"就""才"的量级构式研究》,《语言教学与研究》第 4 期。

邓守信   2012   《汉语语法论文集(中译本)》,北京语言大学出版社。

丁恒顺   1978   《复句中前一分句关联词语的位置》,《河南大学学报(社会科学版)》第 6 期。

丁声树   1953/2004   《现代汉语语法讲话》,商务印书馆。

董秀芳   2003a   《"都"与其他成分的语序及相关问题》,《世界汉语教学》第 1 期。

董秀芳   2003b   《北京话名词短语前阳平"一"的语法化倾向》,吴福祥、洪波主编,《语法化与语法研究(一)》,商务印书馆。

董正存   2020   《从构式变化看情态副词"少说"的产生与发展》,《世界汉语教学》第 3 期。

樊永仙   2008   《标记理论及其扩展应用》,《中北大学学报》第 3 期。

范开泰   1985   《语用分析说略》,《中国语文》第 6 期。

范开泰、张亚军   2000   《现代汉语语法分析》,华东师范大学出版社。

范 晓   2001   《关于汉语的语序问题(一)(二)》,《汉语学习》第 5、6 期。

范 晓   2007   《语法结构的规律性和灵活性》,《汉语学习》第 2 期。

范 晓、张豫峰等   2008   《语法理论纲要(修订版)》,上海译文出版社。

方 梅   1993   《宾语与动量词的词序问题》,《中国语文》第 1 期。

方 梅   1995   《汉语对比焦点的句法表现手段》,《中国语文》第 4 期。

方 梅   2000   《从"V 着"看汉语不完全体的功能特征》,《语法研究与探索》(九),商务印书馆。

方 梅   2002   《指示词"这"和"那"在北京话中的语法化》,《中国语文》第 4 期。

方经民   1994   《有关汉语句子信息结构分析的一些问题》,《语文研究》第 2 期。

冯胜利   1997   《汉语的韵律、词法与句法》,北京大学出版社。

冯雪梅   2000   《"多"字用法补议》,《襄樊学院学报》第 2 期。

付 琨   2005   《标记理论的介绍和应用》,《汉语学习》第 3 期。

高名凯   1986   《汉语语法论》,商务印书馆。

高万云   1997   《"我把你这个 NP!"的句法、语义、语用分析》,《张家口师专学报》第 1 期。

古川裕　2001　《外界事物的"显著性"与句中名词的"有标性"——"出现、存在、消失"与"有界、无界"》,《当代语言学》第 4 期。

古川裕　2005　《现代汉语中"中动语态句式"——语态变换的句法实现和词法实现》,《汉语学报》第 2 期。

古川裕　2012　《现代汉语语法"认知凹凸转换理论"及其教学应用研究》,上海师范大学对外汉语学院讲座。

顾鸣镝　2013　《汉语构式承继关系及其认知功能研究》,上海师范大学博士学位论文。

郭　锐　1995　《述结式的配价结构和成分的整合》,《现代汉语配价语法研究》(沈阳、郑定欧主编),北京大学出版社。

郭　锐　2003　《"把"字句的语义构造和论元结构》,《语言学论丛》第 28 辑,商务印书馆。

何洪峰　2004　《试论汉语被动标记产生的语法动因》,《语言研究》第 4 期。

何兆熊　1989　《语用学概要》,上海外语教育出版社。

何自然　1987　《信息理论和英语结构》,《现代外语》第 1 期。

贺　阳　2008a　《汉语主从复句的语序变化与印欧语言的影响》,《长江学术》第 4 期。

贺　阳　2008b　《现代汉语欧化语法现象研究》,商务印书馆。

洪　波　2008　《周秦汉语"之 s"的可及性及相关问题》,《中国语文》第 4 期。

洪　波　2010　《周秦汉语"之 s"可及性问题再研究》,《语言研究》第 1 期。

胡　附、文　炼　1984　《汉语语序研究中的几个问题》,《中国语文》第 3 期。

胡裕树、范　晓　1985　《试论语法研究的三个平面》,《新疆师范大学学报》第 2 期。

胡裕树、陆丙甫　1988　《关于制约汉语语序的一些因素》,《烟台大学学报》第 1 期。

胡裕树　1979　《现代汉语》,上海教育出版社。

胡壮麟、朱永生、张德禄编著　1989　《系统功能语法概论》,湖南教育出版社。

胡宗哲　1996　《浅谈语境对复句的制约》,《修辞学习》第 4 期。

黄伯荣、廖序东　2007　《现代汉语》,高等教育出版社。

黄　河　1990　《常用副词共现时的顺序》,《缀玉集》,北京大学出版社。

黄国营、石毓智　1993　《汉语形容词的有标记和无标记现象》,《中国语文》第 6 期。

蒋　平　2003　《影响先行语可及性的因素》,《外国语》第 5 期。

蒋绍愚　1997　《"把"字句略论——兼论功能扩展》,《中国语文》第 4 期。

蒋绍愚　1999　《〈元曲〉中的"把"字句》,《语言研究》第 1 期。

金立鑫　1999　《对一些普遍语序现象的功能解释》,《当代语言学》第 4 期。

景士俊　1992　《"因果"与表达》,《语文学刊》第 3 期。

匡鹏飞　2009　《论复句中时间词语的回指》,《长江学术》第 1 期。

黎　洪　2012　《汉语偏正复句句序变异研究》,安徽大学博士学位论文。

黎锦熙　1924/2001　《新著国语文法》,商务印书馆。

李劲荣、范开泰　2005　《状态形容词的可及性等级及连用顺序》,《南昌大学学报(人文社会科学版)》第 3 期。

李晋霞　2011　《论"由于"和"因为"的差异》,《世界汉语教学》第 4 期。

李晋霞、刘　云　2014　《语篇构式对"一边 P,一边 Q"语序及其句法特征的制约》,《语文研究》第 1 期。

李　青　2011　《现代汉语"把"字句主观性研究》,吉林大学博士学位论文。

李临定　1980　《"被"字句》,《中国语文》第 6 期。

李思旭　2020　《从假设连词位置分布看"联系项居中原则"》,《世界汉语教学》第 2 期。

李文浩　2013　《作为典型构式的非典型"X 着呢"及其固化分析》,《汉语学习》第 2 期。

李　曦、邓云华　2020　《英汉因果复句关联词焦点标记演变的认知阐释》,《外语教学》第 3 期。

李晓琪　1991　《现代汉语复句中关联词的位置》,《语言教学与研究》第 2 期。

李延波　2019　《程度态"X+着呢"构式的共时扩张过程与机制》,《语言研究》第 4 期。

李英哲　1983　《汉语语义单位的排列次序》,陆俭明译,《国外语言学》第 3 期。

李宇明　1993　《论约数词序》,《现代中国语研究》第 1 期。

廖秋忠　1992　《廖秋忠文集》,北京语言学院出版社。

刘春光　2014　《"限定成分+NP"结构的语序特点和可及性研究》,《汉语学习》第 1 期。

刘春光　2016　《可隔开双音节动结式的构件特征和语用价值》,《现代语言学》第 1 辑,上海外语教育出版社。

刘春光　2016　《"N+多+M"和"N+M+多"的差异及其教学启示》,《现代汉语虚词研究与对外汉语教学(第六辑)》,上海译文出版社。

刘春光　2018　《现代汉语因果复句语序的选择性》,《互动语言学与汉语研究》第二辑,社会科学文献出版社。

刘春光　2019　《"把"字句的标记模式研究》,《对外汉语研究》第 19 期。

林裕文　1985　《偏正复句》,上海教育出版社。

刘丹青　1995　《语义优先还是语用优先——汉语语法学体系建设断想》,《语文研究》第 2 期。

刘丹青　2002　《汉语类指成分的语义属性和句法属性》,《中国语文》第 3 期。

刘丹青　2003　《语序类型学与介词理论》,商务印书馆。

刘丹青　2005　《作为典型构式句的非典型"连"字句》,《语言教学与研究》第 4 期。

刘丹青　2008　《语法调查研究手册》,上海教育出版社。

刘丹青、徐烈炯　1998　《焦点与背景、话题及汉语"连"字句》,《中国语文》第 4 期。

刘街生　2004　《现代汉语同位组构研究》,华中师范大学出版社。

刘礼进　2002　《话语生成与理解:语序标记语作用》,《外语教学与研究》第 3 期。

刘礼进　2003　《话语所指物可及性分析》,《外语与外语教学》第 4 期。

刘宁生　1995　《汉语偏正结构的认知基础及其在语序类型学上的意义》,《中国语文》第 2 期。

刘贤俊　2006　《歧义句的可及性考察》,《语言研究》第 3 期。

刘鑫民　1995　《焦点、焦点的分布和焦点化》,《宁夏大学学报(社会科学版)》第 1 期。

刘鑫民　2001　《80 年代以来的汉语语序研究》,《语言教学与研究》第 5 期。

刘月华等　2001　《实用现代汉语语法》,商务印书馆。

刘　云、李晋霞　2017　《论证语篇的"前景—背景"与汉语复句的使用》,《华中师范大学学报(人文社会科学版本)》第 4 期。

刘振铎　1986　《现代汉语复句》,天津人民出版社。

陆丙甫　2001　《从宾语标记的分布看语言类型学的功能分析》,《当代语言学》第 4 期。

陆丙甫　2004　《汉语语序的总体特点及其功能解释:从语题突出到焦点突出》,《庆祝〈中国语文〉创刊 50 周年学术论文集》商务印书馆。

陆丙甫   2005   《语序优势的认知解释(上、下)》,《当代语言学》第 1、2 期。

吕必松   1982   《关于"是……的"结构的几个问题》,《语言教学与研究》第 4 期。

陆俭明   1980   《汉语口语句法里的易位现象》,《中国语文》第 1 期。

陆俭明   2004a   《有关被动句的几个问题》,《汉语学报》第 2 期。

陆俭明   2004b   《词语句法、语义的多功能性:对"构式语法"理论的解释》,《外国语》第 2 期。

陆俭明   2008   《构式语法理论的价值与局限》,《南京师范大学文学院学报》第 1 期。

陆俭明   2009   《构式与意象图式》,《北京大学学报(哲学社会科学版)》第 3 期。

陆俭明   2011   《"构式—语块"句法分析法和教学法》,《语言研究》第 2 期。

陆俭明   2017   《重视语言信息结构研究   开拓语言研究的新视野》,《当代修辞学》第 4 期。

陆俭明   2018   《再谈语言信息结构理论》,《外语教学与研究》第 2 期。

陆俭明、吴海波   2018   《构式语法理论研究中需要澄清的一些问题》,《外语研究》第 2 期。

陆镜光   2004   《说"延伸句"》,《庆祝〈中国语文〉创刊 50 周年学术论文集》,商务印书馆。

罗耀华   2006   《三组待嵌格式语序的可及性解释》,《华中师范大学研究生学报》第 2 期。

吕冀平   1959   《原因和理由的表达》,《语文学习》第 5、6 期。

吕叔湘   1944/1984   《個字的应用范围,附论单位词前"一"字的脱落》,《汉语语法论文集》(增订本),商务印书馆。

吕叔湘   1946/1984   《从主语、宾语的分别谈国语句子的分析》,《汉语语法论文集》(增订本),商务印书馆。

吕叔湘   1948   《"把"字句用法研究》,《汉语语法论文集》(增订本),商务印书馆。

吕叔湘   1980   《现代汉语八百词》,商务印书馆。

吕叔湘   1942/1982   《中国文法要略》,商务印书馆。

吕叔湘   1983   重印《马氏文通》序,《语文研究》第 1 期。

吕叔湘   1985   《近代汉语指代词》,学林出版社。

吕叔湘   1986   《汉语句法的灵活性》,《中国语文》第 1 期。

马春华　2010　《假设复句和条件复句的欧化：将+主句动词》，《安徽大学学报（哲学社会科学版）》第 6 期。

马清华　2005　《并列结构的自组织研究》，复旦大学出版社。

马庆株编　1992　《汉语动词和动词性结构》，北京语言学院出版。

马淑香　2017　《构式"A 的 A，B 的 B"的功能分析》，《汉语学习》第 4 期。

孟　琮　1982　《口语里的一种重复——兼谈"易位"》，《中国语文》第 3 期。

孟凡胜、腾延江　2005　《标记理论综述》，《外语和外语教学》第 8 期。

孟祥英　2017　《"一言不合就 XY"从语法构式到修辞构式的演变》，《山东师范大学学报（人文社会科学版）》第 6 期。

缪小放　1991　《老舍作品中的"把 NVP"》，《语文论集》（四），外语教学与研究出版社。

木村英树　2003　《"的"字句的句式语义及"的"字的功能扩展》，《中国语文》第 4 期。

彭宣维　1995　《韩礼德对语言信息理论的贡献》，《重庆大学学报（社会科学版）》第 2 期。

祁　峰　2012　《现代汉语焦点研究》，复旦大学博士学位论文。

齐沪扬　1998　《现代汉语空间问题研究》，学林出版社。

齐沪扬　2002　《语气词与语气系统》，安徽教育出版社。

钱　军　2000　《标记概念：从雅柯布森到乔姆斯基》，《外语教学与研究》第 3 期。

钱洪良　1990　《关于词序的几个理论问题》，《外语研究》第 1 期。

邱　莹、施春宏　2019　《修辞构式"一量名"的生成基础与机制——兼论修辞构式生成的可能性和现实性》，《语言教学与研究》第 6 期。

任　鹰　1999　《主宾可换位供用句的语义条件分析》，《汉语学习》第 3 期。

任　鹰　2001　《主宾可换位动结式述语结构分析》，《中国语文》第 4 期。

杉村博文　2002　《论现代汉语"把"字句"把"的宾语带量词"个"》，《世界汉语教学》第 1 期。

邵敬敏　1987　《从语序的三个平面看定语的移位》，《华东师范大学学报》第 4 期。

邵敬敏　2007　《现代汉语通论（第二版）》，上海教育出版社。

邵敬敏、赵春利　2005　《"致使'把'字句和隐省'被'字句"及其语用解释》，《汉语学习》第 4 期。

沈家煊　1997a　《类型学中的标记模式》，《外语教学与研究》第 1 期。

沈家煊   1997b 《形容词句法功能的标记模式》,《中国语文》第 4 期。

沈家煊   1999   《不对称和标记论》,江西教育出版社。

沈家煊   2001a 《语言的"主观性"和"主观化"》,《外语教学与研究》第 4 期。

沈家煊   2001b 《跟副词"还"有关的两个句式》,《中国语文》第 6 期。

沈家煊   2002   《如何处置"处置式"——论"把"字句的主观性》,《中国语文》第 5 期。

沈家煊   2003   《复句三域"行、知、言"》,《中国语文》第 3 期。

沈家煊   2004   《语用原则、语用推理和语义演变》,《外语教学与研究》第 4 期。

沈家煊   2006   《认知与汉语语法研究》,商务印书馆。

沈家煊、完 权   2009   《也谈"之"字结构和"之"字的功能》,《语言研究》第 2 期。

沈家煊、王冬梅   2000   《"N 的 V"和"参照体—目标"构式》,《世界汉语教学》第 4 期。

施春宏   2004   《汉语句式的标记度及基本语序问题》,《汉语学习》第 2 期。

施春宏   2006   《动结式的配价层级及其歧价现象》,《语言教学与研究》第 4 期。

石定栩、胡建华   2005   《"被"的句法地位》,《当代语言学》第 3 期。

石毓智   1992   《肯定与否定的对称与不对称》,台湾学生书局。

石毓智   1996   《形容词的有无标记用法与疑问句式的交错关系》,《汉语学习》第 5 期。

石毓智   2000   《语法的认知语义基础》,江西教育出版社。

石毓智   2001a 《汉语的主语和话题之辨》,《语言研究》第 2 期。

石毓智   2001b 《语法的形式和理据》,江西教育出版社。

石毓智   2002   《论汉语的结构意义和词汇标记之关系——有定和无定范畴对汉语句法结构的影响》,《当代语言学》第 1 期。

石毓智   2003   《现代汉语语法系统的建立——动补结构的产生及其影响》,北京语言大学出版社。

石毓智、徐 杰   2001   《汉语史上疑问形式的类型学转变及其机制——焦点标记"是"的产生及其影响》,《中国语文》第 5 期。

史金生   2003   《情状副词的类别和共现顺》,《语言研究》第 4 期。

史有为   1985   《一种口语模式的再探讨——"倒装"、"易位"、"重复"、"追补"合议》,《语文论集(一)》(张志公主编),外语教学与研究出版社。

史有为　1992　《呼唤柔性——汉语语法探异》，海南出版社。

适　达　1994　《前正后偏复句小议》，《思维与智慧》第 6 期。

宋玉柱　1981　《关于时间助词"的"和"来者"》，《中国语文》第 4 期。

宋作艳、陶红印　2008　《汉英因果复句顺序的话语分析与比较》，《汉语学报》第 4 期。

宋作艳　2016　《从构式强迫看新"各种 X"》，《语言教学与研究》第 1 期。

孙　云　1980　《论偏句的位置》，《天津师范学院学报》第 2 期。

太田辰夫　1958/2002　《中国语历史文法》，蒋绍愚、徐昌华译，北京大学出版社。

唐雪凝　2013　《试析"人称代词+一个 NP"结构》，《齐鲁学刊》第 2 期。

唐玉环　2019　《论"想不 X 都难"构式》，《汉语学报》第 5 期。

唐正大　2007　《关系化对象与关系从句的位置——基于真实语料和类型分析》，《当代语言学》第 2 期。

陶红印、张伯江　2000　《无定式"把"字句在近、现代汉语中的地位问题及其理论意义》，《中国语文》第 5 期。

田小琳　1990　《语法和左邻右舍》，人民教育出版社。

汪玉霞、常　辉、陈　莉　2016　《焦点信息的在线加工研究》，《当代外语研究》第 6 期。

王　力　1943/1985　《中国现代语法》，商务印书馆。

王　寅、严辰松　2005　《语法化的特征、动因和机制——认知语言学视野中的语法化研究》，《解放军外国语学院学报》第 4 期。

王春辉　2010　《汉语条件句标记及其语序类型》，《语言科学》第 3 期。

王海峰　2008　《现代汉语离合词离析形式功能研究》，北京语言大学博士学位论文。

王红旗　2003　《"把"字句的意义究竟是什么》，《语文研究》第 2 期。

王　刚、陈昌来　2018　《"好（一）个 X"的历时发展、构件语义及承继关系》，《汉语学习》第 4 期。

王维贤等　1994　《现代汉语复句新解》，华东师范大学出版社。

王义娜　2003　《话语指称的认知构建与心理空间可及性》，《外国语》第 5 期。

王义娜　2006　《从可及性到主观性：语篇指称模式比较》，《外语与外语教学》第 7 期。

王幼华　2008　《半截子埋怨式"把"字句的结构语义分析》，《语文研究》第

1 期。

　　王韫佳、东孝拓、丁多永　2016　《焦点和句末音高的恒定、变异及其相关问题》,《语言学论丛》第 2 期。

　　王政伟　1993　《词序语序与语义》,《语文研究》第 3 期。

　　王　竹、张天伟　2019　《基于信息结构理论的现代汉语空缺句研究》,《北京科技大学学报(社会科学版)》第 4 期。

　　温锁林、张佳玲　2014　《新兴构式"A 并 B 着"研究》,《语文研究》第 1 期。

　　文　炼　1990　《语言单位的对立和不对称现象》,《语言教学与研究》第 4 期。

　　文　炼、胡　附　1984　《汉语语序研究中的几个问题》,《中国语文》第 3 期。

　　吴为善　2010　《自致使义动结构式"NP+VR"考察》,《汉语学习》第 6 期。

　　吴为善　2011　《认知语言学与汉语研究》,复旦大学出版社。

　　吴为善、吴怀成　2008　《双音述宾结果补语"动结式"初探——兼论韵律运作、词语整合与动结式的生成》,《中国语文》第 6 期。

　　吴为章　1995　《语序重要》,《中国语文》第 2 期。

　　吴早生　2009　《领属结构中被领者的句法、语义和语用研究》,中国社会科学院研究生院博士论文。

　　吴早生　2010　《汉语领有者的话题性与信息可及性》,重庆理工大学学报(社会科学)第 8 期。

　　武　果　2009　《副词"还"的主观性用法》,《世界汉语教学》第 3 期。

　　吴永强　2013　《指称词语可及性的认知研究》,《西藏大学学报》第 2 期。

　　席建国、张静燕　2008　《话语后置的认知基础及其功能分析》,《语言教学与研究》第 6 期。

　　萧国政　2001　《句子信息结构与汉语语法实体成活》,《世界汉语教学》第 4 期。

　　肖任飞　2009　《现代汉语因果复句优先序列研究》,华中师范大学博士学位论文。

　　肖贤彬　2005　《动补结构"隔开式"的历时遗存》,《湛江师范学院学报》第 2 期。

　　谢白羽　2011　《"还"的主观性及其句法实现》,《汉语学习》第 3 期。

　　谢耀基　2001　《汉语语法欧化综述》,《语文研究》第 1 期。

　　邢福义　1981　《词类辩难》,商务印书馆。

　　邢福义　2001　《汉语复句研究》,商务印书馆。

邢福义　2004　《承赐型"被"字句》,《语言研究》第 1 期。

熊学亮　1999　《认知语境的语用可及程度分析》,《外国语》第 6 期。

熊仲儒　2007　《"是……的"的构件分析》,《中国语文》第 4 期。

徐　杰、李英哲　1993　《焦点与两个非线性句法范畴:"否定""疑问"》,《中国语文》第 2 期。

徐　杰　1999　《普遍语法原则与汉语语法现象》,北京大学出版社。

徐晶凝　2019　《交际互动视角下的追补句——易位句/延伸句/话尾巴句研究补遗》,《中国语文》第 5 期。

徐烈炯　2001　《焦点的不同概念及其在汉语中的表现形式》,《现代中国语研究》第 3 期。

徐　萍　2009　《英汉信息结构对比——以否定句为例》,华中科技大学硕士学位论文。

许　娜　2019　《警戒性构式"我叫(让)你 VP"——语法构式向修辞构式的转化》,《汉语学习》第 5 期。

徐阳春、钱书新　2005　《试论"的"字语用功能的同一性——"的"字逆向凸显的作用》,《世界汉语教学》第 3 期。

许余龙　2000　《英汉指称词语表达的可及性》,《外语教学与研究》第 5 期。

许余龙　2002　《语篇回指的认知语言学探索》,《外国语》第 1 期。

许余龙　2003　《汉语主从句间的回指问题》,《当代语言学》第 2 期。

许余龙　2004　《篇章回指的功能语用探索》,上海外语教育出版社。

许余龙　2012　《名词短语的可及性与关系化———一项类型学视野下的英汉对比研究》,《外语教学研究》第 5 期。

薛凤生　1989　《试论"把"字句的语义特征》,《语言教学与研究》第 1 期。

延俊荣　2001　《动结式"V+Rv"带宾语的标记模式》,《语文研究》第 4 期。

延俊荣　2002　《动结式"V+RV"带宾语情况考察》,《汉语学习》第 5 期。

严辰松　2006　《构式语法论要》,《解放军外国语学院学报》第 4 期。

杨德峰　2001　《也谈易位句的特点》,《语言教学与研究》第 5 期。

杨素英　1998　《从情状类型来看"把"字句(上)(下)》,《汉语学习》第 2、3 期。

杨晓华　2010　《基于信息理论的英汉句层翻译方法研究》,《西安外国语大学学报》第 2 期。

杨炎华　2013　《"被+XX"的句法化及其词汇化》,《汉语学习》第 3 期。

姚双云　2008　《复句关系标记搭配研究》,华中师范大学出版社。

易匠翘   1992   《言语链中偏正复句变位论》,《社会科学战线》第 4 期。

易匠翘   2000   《言语链中偏正复句内部语序的语义分析》,《佳木斯大学社会科学学报》第 2 期。

于树泉   1991   《变序复句的修辞作用》,《修辞学习》第 4 期。

俞咏梅   1999   《论"在+处所"的语义功能和语序制约原则》,《中国语文》第 1 期。

袁 颖   2001   《被动句的信息结构和信息功效初探》,《长沙大学学报》第 3 期。

袁毓林   1999   《定语顺序的认知理解及其理论蕴涵》,《中国社会科学》第 2 期。

袁毓林   2001   《述结式配价的控制——还原分析》,《中国语文》第 5 期。

袁毓林   2003   《句子的焦点结构及其对语义解释的影响》,《当代语言学》第 4 期。

赵变亲   2003   《"多"字词性谈》,《雁北师范学院学报》第 1 期。

赵永刚   2019   《焦点和话题结构的音系——句法接口理论:阐释、反思与展望》,《外语与外语教学》第 2 期。

张伯江、方 梅   1994   《汉语口语的主位结构》,《北京大学学报(哲学社会科学版)》第 2 期。

张伯江、方 梅   1995   《北京口语易位现象的话语分析》,《语法研究和探索》(七),商务印书馆。

张伯江、方 梅   1996   《汉语功能语法研究》,江西教育出版社。

张伯江   2000   《论"把"字句的句式语义》,《语言研究》第 1 期。

张伯江   2001   《"被"字句和"把"字句的对称与不对称》,《中国语文》第 6 期。

张伯江   2009   《从施受关系到句式语义》,商务印书馆。

张伯江   2010   《汉语限定成分的语用属性》,《中国语文》第 3 期。

张伯江   2018   《构式语法应用于汉语研究的若干思考》,《语言教学与研究》第 4 期。

张 斌、胡裕树   1989   《汉语语法研究》,商务印书馆。

张 斌   2000a   《理解和表达的问题(一)(二)(三)》,《语文科谱》第 5 期。

张 斌   2000b   《谈谈句子的信息量》,《湖南广播电视大学学报》第 3 期。

张 斌   2003   《汉语语法学》,上海教育出版社。

张 斌   2008   《现代汉语语法十讲》,复旦大学出版社。

张　斌　2010　《现代描写语法》,商务印书馆。

张　凤　1999　《标记理论的再评价》,《解放军外国语学院学报》第 6 期。

张和友　2012　《"是"字结构的句法语义研究》,北京大学出版社。

张　黎　1987　《句子语义重心分析法刍议》,《齐齐哈尔师范学院学报(哲社版)》第 1 期。

张　亮　2018　《"有+NP_双"的构式化及其句法表征》,《汉语学习》第 5 期。

张雪梅　2015　《析同语悖义构式"不 X 也 X"》《新疆大学学报(哲学人文社会科学版)》第 6 期。

张　祯　2010　《汉语语序的历史发展》,北京语言大学出版社。

张国宪　1995　《语言单位的有标记与无标记现象》,《语言教学与研究》第 4 期。

张国宪　1998　《略论句法位置对同现关系的制约》,《汉语学习》第 1 期。

张炼强　1992　《假设从句后置的条件(上,下)》,《思维与智慧》第 1、2 期。

张美兰　2000　《论近代汉语"我把你个+名词性成分"句式》,《语文研究》第 3 期。

张　敏　1998　《认知语言学与汉语名词短语》,中国社会科学出版社。

张世禄　1939　《因文法问题谈到文言白话的分界》,《语文周刊》第 30—32 期。

张旺熹　1991　《"把"字结构的语义及其语用分析》,《语言教学与研究》第 3 期。

张旺熹　2001　《"把"字句的位移图式》,《语言教学与研究》第 3 期。

张旺熹　2010　《汉语"人称代词+NP"复指结构的话语功能——基于电视剧〈亮剑〉台词的分析》,《当代修辞学》第 5 期。

张谊生　2000　《现代汉语副词研究》,学林出版社。

张谊生　2005a　《近代汉语"把个"句研究》,《语言研究》第 3 期。

张谊生　2005b　《现代汉语"把+个+NP+VC"句式探微》,《汉语学报》第 3 期。

张谊生　2013　《句法层面的语序与句子层面的语序——兼论一价谓词带宾语与副词状语表程度》,《语言研究》第 3 期。

赵元任　1968/1979　《汉语口语语法》,吕叔湘译,商务印书馆。

郑远汉　2003　《语序与修辞》,《汉语学习》第 5 期。

周丽颖　2008　《现代汉语语序研究》,上海辞书出版社。

周　平　2001　《可及性理论与前指现象》,《外语教学》第 4 期。

周士宏　2008　《从信息结构看焦点结构的分类》,《汉语学习》第 5 期。

周心红　1993　《汉、英简单句信息结构》,《解放军外国语学院学报》第 5 期。

宗守云　2016　《说主观游移量构式"V+上+数量结构"》,《当代修辞学》第 1 期。

朱　斌、伍友兰　2012　《句联层构与"否则"焦点投射》,《汉语学报》第 4 期。

朱长河　2005　《有标记的选择与意图义:标记模式的语言学理论探源》,《外语学刊》第 5 期。

朱德熙　1961　《说"的"》,《中国语文》第 12 期。

朱德熙　1978　《"的"字结构和判断句》,《中国语文》第 1、2 期。

朱德熙　1980　《现代汉语语法研究》,商务印书馆。

朱德熙　1982　《语法讲义》,商务印书馆。

朱　皋　2020　《"V+了+PRO+一 MN"的构式义解析及其语用功能》,《新疆大学学报(哲学人文社会科学版)》第 5 期。

朱　军　2019　《说"VP 一 X_量是/算一 X_量"》,《汉语学报》第 4 期。

Ariel, M.　1988　Referring and accessibility. Journal of Linguistics, 24.

Ariel, M.　1990　Accessing noun-phrase antecedents. London, New York: Routledge.

Ariel, M.　1991　The function of accessibility in a theory grammar. Journal of Pragmatics, 16.

Ariel, M.　1994　Interpreting anaphoric expressions: A cognitive versus a pragmatic approach. Journal of Linguistics, 30.

Biq, Yung-O　1995　Chinese causal sequencing and yinwei in conversation and press reportage. Berkeley Linguistic Society, 21.

Bybee, J.　2001　Phonology and Language. Cambridge: Cambridge University Press.

Baker, Willian J.　1976　An "Information Structure" View of Language. The Canadian Journal of Lingustics, 21(陈平译 1985《从"信息结构"的观点来看语言》,《国外语言学》第 2 期)

Dwight Bolinger　1975　Aspects of Language. London: Longman.

Dwight Bolinger　1977　Meaning and Form. London: Longman.

Chen, Rong.　2003　English Inversion: A Groumd-before Figure Construction. Berlin and New York: Mouton de Gruyter.

Chomsky, N.　1971　Deep structure, surface structure and semantic interpretation, In

Danny Steinberg and Leon Jacobovits (Eds.) Semantics. Cambridge: Cambridge University Press.

Chomsky, N.   1976   Conditions on rules of grammar. Linguistic Analysis, 2.

Cinque, Guglielmo.   1993   A null theory of phrase and compound stress. Linguistic Inquiry, 2.

Croft W.   2001   Radical Construction Grammar. Oxford: Oxford University Press.

Dowty, David   1991   Thematic Proto-roles and Argument Selection. Language, 67.

Fillmore, Charles J.   1985   Frames and the semantics of understanding. Quaderni di Semantica, Vol. 6(2).

Gal, S.   1988   The political economy of code choice. In Heller, M (ed.), Codeswitching, Berlin: Mouton de Gruyter.

Gillian Brown & George Yule   1983   Discourse Analysis. Cambridge: Cambridge University Press.

Givón, T.   1983   Topic Continuity on Discourse: A Quantitive Cross-Language Study. Amsterdam: John Benjamins.

Givón, T.   1984   Syntax: A Fouctional Typological Introduction. Amsterdam/ Philadelphia: John Benjamins.

Givón, T.   1990   Syntax: A Functional-Typological Introduction (Vol. 2). Amsterdam: John Benjamins.

Givón, T.   1995   Functionalism and Grammar.Amsterdam: John Benjamins.

Goup Ltd. Rochment, M.   1986   Focus in generative grammar, Amsterdam: John Benjamins.

Grice.H.P.   1975   Logic and Conversation, In Cole, P., & J.L.Morgan (Eds.), Syntax and Semantics 3: Speech Acts.New York: Academic Press.

Grice. H. P.   1978   Further Notes on Logic and Conversation, In Cole, P. (Eds.), Syntax and Semantics 9: Pragmatics.New York: Academic Press.

Godeberg, A. E.   2006   Constructions at Work.Oxford: Oxford University Press.

Godeberg, A. E.   1995   Constructions: A Construction Grammar Approach to Argument Stucture, Chicago: Chicago University Press.(《构式: 论元结构的构式语法研究》,吴海波译,北京大学出版社,2007 年)

Greenberg, J.H.   1966   Language Universals.Janua Linguarum Series Minor 59. The Hague: Mouton.

Gundel, Jeanette K.   1999   Different kinds of focus. In Peter Bosch and Rob van der (Eds.), Sand Cognitive and Computational Perspectives. Cambridge: Cambridge University Press.

Gundel, J. N. Hedberg & R. Zacharski   1993   Cognitive Status and the form of Referring Expressions in Discourse, Language, 69.

Halliday, M.A.K.   1967   Notes on Transitivity and Theme in English. Journal of Linguistics, 3.

Halliday, M. A. K.   1970   A Course in Spoken English: Intonation. Oxford: Oxford University Press.

Halliday, M. A. K.   1985   An Introduction to Functional Grammar, London: Edward Arnold.

Halliday, M.A.K.   1994   Introduction to Functional Grammar 2nd ed. London: Edward Arnold.

Jakobson, Roman.   1932   Phoneme and Phonology.SW I.

Joseph H. Greenberg (ed.).   1963   Universals of Language. MA: MIT Press.

Joseph H. Greenberg   1984   《某些主要跟语序有关的语法普遍现象》,陆丙甫、陆致极译,《国外语言学》第 2 期.

Jackendoff, R.   1972   Semantic Interpretation in Generative Grammar. Cambridge, Mass.: MIT Press.

Kay, Paul. &Fillmore, C.   1999   Grammatical Constructions and Linguistic Generalizations: the What's X doing Y? Construction. Language, 75.

Keenan, E.L.&B.Comrie.   1977   Noun phrase accessibility and universal grammar. Linguistic Inquiry, 8.

Lakoff, G.   1987   Women, Fire and Dangerous Things. Chicago: The University of Chicago Press.

Lambrecht, Knud.   1994   Informational Structure and Sentence Form: Topic, Focus and the Mental Representation of Discourse Referents. Cambridge: Cambridge University.

Langacker R W.   1987   Foundations of Cognitive Grammar: Theoretical Prerequisites. Vol.I, Stanford: Stanford University Press.

Langacker R W.   1991   Foundations of Cognitive Grammar: Descriptive Application.Vol.II, Stanford: Stanford University Press.

Leech, G.   1981   Semantics: The Study of Meaning. England: Penguin Books.

Li, Charles, N.&Sandra A, Thompson.   1981   Mandarin Chinese. Berkeley, Los

Angeles and London: University of California Press.

Li, Charles, N., &Sandy Thompson   1973a   A Explanation of Word Oder Change from SVO to SOV.Foundations of Language. Oxford: Oxford University Press.

Li, Charles, N., &Sandy Thompson   1973b   Historical Change of Word Order: A Case Study of Chinese and It's Implications, In John M.Aderson and Charles Jones (ed.), Historical Linguistics.Austin: University of Texas Press.

Li, Charles, N., &Sandy Thompson   1976   Subject and Topic: A New Typology. In Charles, N.Li. (eds.) Word Order and Word Order Change. Austin: University of Texas Press.

Lyons, J.   1968   Introduction to Theoretical Linguistics. Cambridge: Cambridge University Press.

Lyons, J.   1977   Semantics, Ⅱ.Cambridge: Cambridge University Press.

Myers-Scotton, C. (ed.) 1998   Codes and Consequences: Choosing Linguistic Varieties, New York/Oxford: Oxford University Press.

Quirk, R.   1972   A Grammar of Contemporary English, London: Longman.

Rubin, Edger.   1958   Figure and groud. In David Beardslee and Michael Wertheimer(eds.), Readings in Perception, Princeton N, J: Van Nostrand.

Sun, Chaofen   1996   Word-Order Changed Grammaticaliazition in the History of Chinese. Stanford: Stanford University Press.

Tai, James H-Y (戴浩一)   1973   "Chinese as a SOV Language", In Amy Chukerman, Mitchell Marks, John F. Richardson(eds.), The Ninth Regional Meeting of Chicago Linguistic Society. Chicago: Chicago Linguistic Society.

Tai, James H-Y (戴浩一)   1976   "On the Change From SVO to SOV in Chinese".Parasessions on Diachronic Syntax. Chicago: Chicago Linguistic Society.

Talmy Leonard.   1975   Figure and ground in complex sentences, In Cathy Cogan et. Al (eds.), Proceedings of the First Annual Meeting of the Berkeley Linguistics Society. California: Berkeley Linguistics Society.

Talmy Leonard.   2000a   Toward a Cognitive Semantics, Volume I: Concept Structuring Systems.Cambridge, MA: MIT Press.

Talmy Leonard.   2000b   Toward a Cognitive Semantics, Volume II: Typology and Process in Concept Structureing.Cambridge, MA: MIT Press.

Taylor, J.R.   1994   "Subjective" and "objective" readings of possessor nominal, Cognitive Linguistics, 5.

Taylor, J. R.   1995   Linguistic categorization: Phototypes in linguistic theory (2nd. Ed.). Oxford: Oxford University Press.

Taylor, J. R.   2007   Ten Lectures on Applied Cognitive Linguistics. Beijing: Foreign Language Teaching and Reseach Press.

Trougott. E. C. Subjtectification in grammaticalization, In Hickey, R. (Ed.), Subjectivity and Subjectification, Cambridge: Cambridge University Press.

Ungerer, F & Schmid, H. J.   2001   An Introduction to Cognitive Linguistics. Beijing: Foreign Language Teaching and Research Press.

Wallace Chafe   1970   Meaning and the Stucture of Language. Chicago: University of Chicago Press.

Wardhaugh, R.   1998   An Introduction to Sociolinguistics. Oxford: Blackwells.

Zipf, Geoge   1935   The Psychobiology of Language: An Introduction to Dynamiphilogy. Cambridge, Mass.: MIT Press.

后　记

我从攻读硕士学位开始对语言表达问题产生了浓厚的兴趣，并尝试对个别相关的语法现象进行描写和解释。攻读博士学位期间，导师鼓励我可以继续沿着这个兴趣开展学位论文的撰写工作，本书便是在我的博士论文《认知视角下的现代汉语语序研究》基础上修改而成的，如今得以付梓，既是本人研究兴趣的小结，也是学术道路上新的起点。

2011年，我考入上海师范大学跟随齐沪扬先生攻读博士学位，先生引领我们这届博士生就语言形式和意义的关系问题展开多次讨论，提醒我们语法研究不能空谈，一定要有形式验证，学术研究既要有准确的描写也要有理论的思考，这种思想和情怀让我们每一位博士生都受益匪浅。对我个人而言，能够跻身恩师门下，万分荣幸。读书期间，齐老师对我倾注了浓浓的关怀与爱护，对我进行了全方位的培养和包装：引领我在语法研究的世界里走出迷津，激励我发挥特长在舞台上闪耀星光，留给我充足的时间和空间去经营爱情。特别是他放下手头在研的国家社科基金重大项目，欣然答应赐序，字里行间都流露着对学生深深的关爱和殷切的期望，种种用心良苦，涌泉难喻，刻骨永锡。

感谢我的硕士生导师曹秀玲教授，十六载的赏识、点拨、鼓励和提携让我在学术和人生的道路上变得乐观、自信、成熟和坚定，不管遇到什么困难，她都会以春风化雨般的方式赐予我无穷的力量。感谢我曾经学习和工作过的延边大学汉语言文化学院及给予我莫大帮助的刘明章教授、杨乃晨教授、柳英绿教授、崔泰吉教授、崔健教授、费洪根教授、崔雄权教授、马金科教授、刘艳萍教授、黄贞姬教授、安国锋教授，我的青春时光因为诸位的呵护充满了奋斗与张扬。感谢《汉语学习》编辑部、主编金奉民教授和石雅杰、朴珍玉、李光华、吴德新、张辉等老师，七载的并肩作战让我收获的是深深的友情和亲情。

感谢评审专家赵金铭教授、王珏教授、金立鑫教授、张豫峰教授、张谊生教授、陈昌来教授、曹秀玲教授对我博士论文的评阅和提出的宝贵建议。感谢上海师范大学这座厚积薄发、饱含生机的语言学"重镇"，感谢张斌先生九十多岁高龄还在为我们博士生上课，感谢吴为善教授、宗守云教授对我的鼓励，感谢任海波老师、石慧敏老师、吴颖老师、刘慧清老师、姚占龙老师、胡建锋老师、李劲荣老师、张巍老师、杜轶老师对我的关心，提点我拼搏前进，帮助我解除烦忧。

感谢张黎教授和金基石教授对我申报博士生国家奖学金的鼎力推荐,感谢邵敬敏教授、戴耀晶教授、陆丙甫教授、赵春利教授、施春宏教授、谢晓明教授多次在学术会议上的帮助与指正。

感谢同门李铁范、吴念阳、吴春相、赵国军、谢白羽、唐依力、邵洪亮、葛新、张素玲、丁萍、李文浩、刘亚辉、白少辉、蔡瑱、黄健秦、崔维真、李宗宏、袁舫、陈仙卿、马曼娇、蒋叶红等师兄师姐对我的关心与呵护。感谢我的博士同学李向华、孙斐、王明周、刘丞、崔懋恕、阮氏为草、徐志成,感谢硕士师弟师妹吴永荣、李星、李航、秦加怡、许蕾、张蕾、卢勇军,有你们的相伴,让我度过了三年充满友爱的快乐时光。在我学习和工作中,还有很多帮助过我的师友、同事、同学和朋友,不能一一列举,在此一并深致谢忱!

本书的部分成果修改后在《汉语学习》、《对外汉语研究》、《互动语言学与汉语研究》(第二辑)、《现代汉语虚词研究与对外汉语教学》(第六辑)、《现代语言学》等刊物上发表,在此对这些刊物及审稿专家表示衷心的感谢!

在脱产攻读博士学位期间,父母、岳父岳母给予了我无私的支持和理解,我的妻子杨扬温柔善良、纯真热情,在事业有成的同时对我和孩子给予了无微不至的照顾,我们的女儿刘聿朵聪明伶俐,年纪尚幼但常有令人感动的言语和举动,温暖和谐的家庭是我人生最宝贵的财富,也是我在学术道路上继续努力奋斗的力量源泉!

感谢恩师齐沪扬先生拨冗作序,文中谬误概由本人负责,我将怀着一颗感恩的心在学术研究的路上努力远行!

2020 年 12 月

图书在版编目(CIP)数据

现代汉语语序表达的选择性研究／刘春光著. 一上
海：学林出版社,2021
　ISBN 978－7－5486－1751－8

　Ⅰ.①现… Ⅱ.①刘… Ⅲ.①现代汉语—词序—研究
Ⅳ.①H146.3

　中国版本图书馆 CIP 数据核字(2021)第 030846 号

责任编辑　李晓梅
特约编辑　李保俊
封面设计　严克勤

现代汉语语序表达的选择性研究

刘春光　著

出　　版　学林出版社
　　　　　(200001　上海福建中路 193 号)
发　　行　上海人民出版社发行中心
　　　　　(200001　上海福建中路 193 号)
印　　刷　上海商务联西印刷有限公司
开　　本　710×1000　1/16
印　　张　10.25
字　　数　19 万
版　　次　2021 年 3 月第 1 版
印　　次　2021 年 3 月第 1 次印刷
ISBN 978－7－5486－1751－8/H·145
定　　价　58.00 元